KURZSTRECKENLESER

Texte . Medien

Annett Stütze • Elisabeth Zöller

Verliebt – oder was?

Schroedel

Texte . Medien

»Verliebt – oder was?«
von Annett Stütze und Elisabeth Zöller

Herausgegeben von Ingrid Hintz

Aufgabenanregungen und Anhang erarbeitet von Dieter Hintz

ISBN 978-3-507-47073-6

Druck A [1] / Jahr 2010

Alle Drucke der Serie A sind im Unterricht parallel verwendbar.

Redaktion: Barbara Holzwarth, München
Herstellung: Andreas Losse
Illustrationen: Sabine Lochmann, Frankfurt/M.
Umschlagfoto: © Corbis
Umschlaggestaltung und Layout: JanssenKahlert Design, Hannover
Satz: Bock Mediengestaltung, Hannover
Druck: pva, Landau

INHALT

(Fortsetzung siehe nächste Seite)

Anhang

Zu diesem Buch

Wenn man Sport treiben und laufen will, kann man Langstrecken oder Kurzstrecken laufen. Etwas Ähnliches gibt es auch beim Lesen: Es gibt besonders dicke Bücher zum Langstreckenlesen und es gibt Bücher zum *Kurzstreckenlesen* – zum Beispiel dieses spannende Buch.

Das Buch handelt von Sebastian und Lisa. Die beiden gehen in dieselbe Klasse und verlieben sich ineinander. Aber sie sind unsicher: Wie fühlt sich Verliebtsein denn an? Wie soll man zeigen, dass man verliebt ist? Und soll man dem anderen das auch sagen? Wie soll man sich überhaupt verhalten?

Beim Lesen kannst du die Geschichte immer abwechselnd aus Sebastians und Lisas Perspektive miterleben. Manchmal ist es sinnvoll, dabei auch Nachdenkpausen zu machen. An vielen Stellen dieses Buches findest du Anregungen dazu. Deine Gedanken kannst du direkt im Buch oder auf Zusatzblättern aufschreiben, vielleicht auch in einem Lesetagebuch.

Viel Freude beim Lesen des Buches!

Annett Stütze • Elisabeth Zöller

Verliebt – oder was?

1

Sebastian

Jack White ist Gott. Wie er die Gitarre schon hält. Und dann seine Sounds. Unglaublich. Seine Finger gleiten über die Seiten. Die Riffs, die Akkorde. Jeder Ton sitzt. Doch ich halte keine Gitarre in den Händen. Ich tauche das Paddel ein. Rein. Raus. Rein. Immer im Takt mit den anderen. Das Wasser klatscht hoch. Die Geschwindigkeit ist gut. Gleichmäßig und schnell. Die Strömung hilft. Wir sind schnell. Sehr gut. Das Tempo muss ich mir merken. Keet am Schlagzeug. Der Rhythmus in der Bassdrum und auf dem Hi-Hat. Ich nicke. Das könnte gehen, könnte ein Song werden. Das Licht bricht sich in den Wellen. Wo das Paddel eintaucht, entstehen Strudel. Rafting ist das Allerbeste. Echte Weltklasse. Ich höre die Töne, summe mit. Die Melodielinie stimmt. Plötzlich ein völlig falscher Ton. Ein spitzer Schrei. Zwei Vögel fliegen auf.

Die Paddelschläge sind verstummt.
Der Rhythmus ist unterbrochen. Das Boot liegt auf einmal schräg. Die Wellen schlagen dagegen. Gischt spritzt mir ins Gesicht. Alles wie in Zeitlupe. Ich drehe mich um.

Lisa ist ins Wasser gefallen. Sie paddelt wie ein junger Hund. Ihre Haare kleben nass auf ihrer Stirn. Die Jungen hinter mir beugen sich auf ihre Seite, strecken die Hände nach ihr aus. Das Boot kippt weiter. Noch eine Handbreit und wir kentern. Ich lehne mich in die Gegenrichtung. Philipp schreit. Lisa schaut mich mit ihren großen Augen an. Ihr Gesicht spiegelt ihren Schrecken. Sie sieht hilflos aus. In ihren Augen ist Angst, reine Angst.
Die Strömung zieht unser Boot weiter. Der Abstand zu Lisa wird immer größer. Sie schlägt wieder mit Armen und Beinen um sich, wird vom Fluss nach unten gezogen. Sie taucht auf, prustet, versinkt wieder. Sie ist viel zu panisch, als dass sie schwimmen könnte.
Ich stehe auf. Kopfsprung ins Wasser. Zwei Züge bis zu ihr. Ich schalte auf Autopilot. Wende die Handgriffe an, die ich letzten Sommer im Rettungsschwimmkurs gelernt habe. Drehe Lisa auf den Rücken, vielleicht ein

bisschen hart. Aber so, wie sie um sich schlägt, komme ich nicht vorwärts. Ich fasse sie unter den Armen und schwimme los.

„Was machst du?“

„Wenn du die Klappe hältst, ziehe ich dich raus.“

„Ist ja schon gut.“

Sie hält die Klappe. Und sie hört auf zu strampeln. Wunderbar. Die Strömung treibt uns noch weiter ab. Mit den Klamotten und allem komm ich nicht gut voran. Das Wasser ist verdammt kalt.

„Wenn es dir nichts ausmacht, kannst du mitschwimmen.“

„Wie?“

„Beine.“

Lisa macht ein paar Schwimmbewegungen, und ich versuche, in ihren Rhythmus zu kommen. Sie hat keinen. Aber das Ufer ist nicht mehr weit. Ich taste mit meinen Füßen nach unten. Da, Boden! Ich stehe brusttief im Wasser, der Boden unter mir ist schlammig und weich. Ich sinke ein, mache langsam ein paar Schritte. Lisa steht neben mir. Ich lasse sie los, sie stolpert, wir waten auf das Ufer zu.

„Scheiß Stromschnellen. Hab einen ganz schönen Schreck gekriegt.“

Lisa klettert ans Ufer.

„Ich auch.“

Meine Jeans tropft, mein T-Shirt tropft und meine Schuhe sind total durchgeweicht. Ich lass mich neben Lisa ins Gras fallen. Tüngelmann, unser Lehrer, legt am Ufer an. Sie sind uns sofort hinterhergerudert, ich hab's nicht gehört.

„Gut gemacht, Sebastian.“

Tüngelmann klettert aus dem Boot.

„Und du Lisa, du kannst mir gerne erklären, warum du aufgestanden bist. Hatten wir uns nicht klar ausgedrückt? Kein Unsinn an Bord?“

So wie Lisa guckt, fängt sie gleich an zu heulen.

„Mir ist kalt“, sage ich leise.

„Kein Wunder!“, donnert Tüngelmann und starrt immer noch Lisa an.

„Filmreife Nummer, White Face“, kräht Philipp.

Frau Drossel ist mit ihrem Boot ebenfalls dazugekommen. Rupert fehlt noch mit seiner Mannschaft, dann sind wir komplett. Die ganze Klasse auf diesem verdammten Fluss.

„Die beiden müssen ihre Klamotten wechseln. Soll ich sie in die Jugendherberge bringen?“, zirpt die Drossel.

Ich wette, sie ist auch froh, wenn sie vom Wasser weg ist.

Tüngelmann überlegt einen Moment.

„Wird wohl das Beste sein."
Und zur Klasse gewandt: „Der Rest wieder ran an die Paddel. Wir haben noch eine Strecke vor uns. Pause ist später."
Die Drossel klettert aus ihrem Boot. Johanna wirft Lisa ihren Rucksack zu und das war's. Wir gehen bis zur Straße, mit dem Handy ruft die Drossel ein Taxi und wir fahren zusammen in die Jugendherberge. Heiße Dusche und ein freier Nachmittag. Ich bin nicht böse.

Forschungsauftrag: Finde heraus, was die Begriffe bedeuten.

Jack White: ______________________________

Bassdrum: ______________________________

Hi-Hat: ______________________________

Akkord: ______________________________

Riff: ______________________________

Rafting: ______________________________

White Face: ______________________________

Warum wird Sebastian wohl „White Face" genannt?

____

Zum Nachdenken

Lisa

Eigentlich doch ganz nett, der Typ. Hab ihn bis heute nicht wirklich wahrgenommen. Aber der Sprung ins Wasser war unübersehbar. Bin ich rot geworden? Mein Herz klopft. Tock, tock, tock. Das liegt nicht an der Kälte. Das liegt an seinen dunklen Augen. Wie der mich anschaut. Kalt ist mir jetzt nicht mehr. Und dass der mich gerettet hat. Lebensretter, Held, Superman. Ohne ihn wär' ich ...

Ach Quatsch, jetzt fang ich schon an, total herumzuspinnen. Träume doch tatsächlich von White Face. Der Nachmittag sickert leise vor sich hin. Die Drossel hat sich dünn gemacht, ich hab erst heiß geduscht, nun häng ich hier im Zimmer rum. Alleine, warte, dass die anderen wiederkommen.

Lisa, was ist mit dir?

Ich sitze auf dem Bett in der Jugendherberge, den Kopf in die Hände gestützt, drehe meine schwarz gefärbten Locken um den Zeigefinger, streiche über meine Augenbraue, gepierct. So will ich's! Das weiß ich doch. Aber auf einmal weiß ich nichts mehr. Ich fahre mit den Händen über meine schwarze Lederhose. Ob ich mich mal hinlege? Nur ein bisschen chillen!

Ich erinnere mich, wie der in unsere Klasse kam. Liegt ein paar Monate zurück.
White Face. Den Namen hat er erst später gekriegt, als er anfing, von seiner Band zu erzählen. Anfangs war er einfach nur der Sebastian. Stand dort, rot, verlegen, leichter Hang zu abstehenden Ohren. Saß plötzlich da, blass und unauffällig.
Stimmt gar nicht: Alle haben ihn angeglotzt. Nicht, weil er besonders schön war: White Face, Blassgesicht. Nein, er war einfach neu.
Und dann weiß ich noch genau, wie er auf dem Tisch immer die Finger bewegte.
Mhm, hab ich gedacht, was ist das denn für ein Typ? Und heute frage ich mich das wieder.

Notiere passende Adjektive zu Lisas Aussehen.

Lisas Locken: ______________________

Lisas Augenbraue: ______________________

Lisas Lederhose: ______________________

Warum klopft wohl Lisas Herz? ______________________

____

Zum Nachdenken

Sebastian

Unüberhörbar, wie sie alle von der Tour zurückkommen. Das mit der Ruhe ist vorbei. Die Jungen trampeln ins Zimmer und reißen sich die Klamotten vom Leib. Ein Schwall von Schweiß und feuchter Erde umgibt sie. Sind wohl alle ein bisschen nass geworden. Ein säuerlicher Geruch, ich könnt' kotzen.
Die sind tatsächlich geschafft, obwohl sie sonst immer so tun, als würde sie nichts umhauen. Lass sie einen Tag paddeln, und sie sind platt wie Kröten.

„Coole Nummer, White Face."
Damit war ja zu rechnen. Ich verzieh nur das Gesicht. Philipp kann's nicht lassen.
„Ist sie jetzt dein Babe?"
Die anderen stimmen ein.
„Geht's jetzt los?"
„Hast du was mit ihr?"
Ich steh auf, auf blöde Kommentare hab ich jetzt keinen Bock. Dreh mich um und geh langsam raus. Hinter mir trockenes Gelächter. Die sind echt zu blöd. Wenn ich einen Moment länger hier drinbleibe, hau ich einem von ihnen eine rein.

Im Speisesaal dann das übliche Gewusel. Ich schaufle Nudeln in mich rein, die hat die Drossel gekocht. Überraschend gute Tomatensoße, hätt ich ihr gar nicht zugetraut. Wenigstens ein Lichtblick an diesem Abend. Ab und an schaue ich zu Lisa rüber. Heimlich, versteht sich. Auf dumme Sprüche hab ich echt keinen Bock. Und die Mädchen sind nicht besser, das weiß ich noch von meiner alten Schule.

Lisa schaut nicht zu mir. Auch gut. Dann ist die Sache in ein paar Tagen vergessen. Wir müssen nicht drüber reden, wenn sie nicht will. Ich meine, dieses ewige Gelaber kann ich eh nicht ab. Zum Glück fängt sie nicht mit der Heldennummer und der großen Danksagung an. Fast bin ich froh. Hab genug Trouble zu Hause. Für ein Mädchen hab ich jetzt echt keine Zeit. Die Band ist wichtiger.

Ich sehe sie noch einmal an. Wenn sie nicht immer so viel Make-up drauf hätte, könnte sie fast hübsch sein, mit den wasserblauen Augen und der kleinen Stupsnase. Wirklich hübsch. Eigentlich schade, dass es in ein paar Tagen vorbei sein wird. Wäre nicht schlecht, wenn sie

öfter so lächeln würde wie heute Nachmittag.
Und eigentlich hätte ich auch nichts dagegen, wenn sie mich noch mal anschauen würde.

Lisa

Hallo, hör auf zu träumen, Lisa!
Jetzt sind wir hier: Klassenfahrt. Wir sitzen beim Abendessen. Er sitzt mir gegenüber.
Irgendwie verdruckst. Fast schüchtern.
Schaut auf seinen Teller, als ob die Nudeln so interessant wären wie ein intergalaktisches Raumschiff.
Kein Blick für niemanden.
Auch gut, kann ich ihn anschauen.
Sieht eigentlich klasse aus. Groß, schlank, schlaksig, verwuschelte blonde Haare. Etwas blass, vielleicht. Zu viele Pickel, vielleicht. Aber ich hab ja auch bestimmt zehn im Gesicht. Und fünf am Po. Die zähl ich jeden Morgen.

Auf einmal schaut er auf. Unsere Blicke begegnen sich. Wird er rot? Nein, kann nicht sein. Ich schaue ihn an. Ich schaue in seine braunen Augen. Mensch, hat der Wimpern. Er dreht sich um. Warum dreht er sich weg?

Der mag mich nicht. Garantiert. Wahrscheinlich nerv ich ihn oder bin mal wieder nur peinlich. Vielleicht liegt es an meinen schwarzen Klamotten. Aber ich mag diesen Gothic-Style, dunkel, abweisend, unnahbar. Vielleicht liegt es an meinen Piercings. Aber ich will anders sein. Vielleicht liegt es an den zerrissenen Shirts, den kurzen Röcken, der Lederjacke. Ich weiß nicht. Plötzlich werde ich unsicher.

2

Sebastian

Nach dem Abendessen wieder das übliche Geschnatter. Ich höre es nur im Hintergrund. Soundkulisse. Ich spiele meinen eigenen Song darüber. Wir landen alle draußen, hinter dem Haus. Die Jungen spielen Fußball, hab ich keinen Bock drauf. Die Mädchen holen Kissen und Decken, legen sie um das Feuer. Das wird wohl die Romantiknummer. Ich muss grinsen. Johanna drückt mir eine Decke in die Hand. Steht vor mir und lächelt mich einfach an. Ich lächle zurück. Johanna strahlt. Sie hat nette Grübchen und fröhliche Augen. Wenn ich mir eine Schwester aussuchen dürfte, würde ich Johanna wählen. Aber die Decke brauch ich nicht, mir ist nicht kalt.

Irgendwie lande ich neben Lisa. Sie macht wieder einen auf unnahbar. Verbirgt ihr Gesicht hinter ihrer Kapuze und redet keinen Ton. Schade. Trotzdem sehe ich, dass sie ihr Make-up aufgepeppt hat.
Warum nur, der Tag ist doch vorbei? Für meinen Geschmack ist es eh zu krass – viel

schwarzer Kajal, viel blasses Make-up. Dabei ist sie so hübsch. Ob sie das eigentlich weiß? Plötzlich redet sie auf mich ein. Aufgeregt, nervös. Die Töne quirlen und holpern und perlen. Ich höre nicht auf ihre Worte. Keine Ahnung, was sie sagt. Ich trommle den Rhythmus.

„Langweile ich dich?"

Ihre Stimme ist zu laut. Zu grell.

Ich gucke sie an. Einen Moment treffen sich unsere Augen. Ihre sind dunkel, diesmal. Das Wasserblau ist dunkelblau. Wie ein Bergsee am Abend. Geheimnisvoll. Wild. Gefährlich. Ihre Mundwinkel zittern. Irgendwie auch verletzlich, ihr Blick. Ich versteh sie nicht. Aber ich hab ihr ja auch nicht zugehört. Soll ich jetzt fragen, was sie gesagt hat? Ich zögere. Ist mir doch zu peinlich. Einen langen Moment schauen wir uns beide an. Mir wird ganz heiß, aber ich krieg keinen Ton raus.

Philipp erlöst uns. Er holt eine Gitarre, drückt sie mir in die Hand, ich soll spielen. Schließlich hab ich eine Band: „White Face" – Keet am Schlagzeug, Em die Sängerin, ich spiele Lead-Gitarre. Manchmal auch Bass, aber dann gibt's Gerangel mit Keet. Ich bin Gitarrist, kein

Bassist. Keet meint, ich kann das nicht. Sie will noch einen Bassisten. Hab ich nichts dagegen, ich weiß, was ich kann und was nicht. Em, unsere Sängerin, findet jedoch keinen, der ihr gut genug ist.
Aber hier, am Lagerfeuer, ist das egal. Die wollen nur ein bisschen Geschrammel, Hintergrundmucke für die Stimmung.
Ist mir recht, können sie haben.
Ich spiele *Coldplay*. Das Neue. Das mögen die meisten. Sie wippen mit. Dann ein paar Songs von Jack Johnson. Die kommen immer gut am Lagerfeuer, fehlt nur noch das Meer. Dann *Falling slowly* von Glen Hansard.

Lisa zieht die Kapuze vom Kopf. Sie steht auf und fängt an zu tanzen – das ist ihre Musik, wusste ich's doch. Und dann noch zwei eigene Lieder. Sie hören zu, wippen mit. Ein paar von den Mädchen summen den Refrain mit. Als ich fertig bin, klatschen ein paar. Zwei Mädchen stehen auf und kommen zu mir herüber. Und dann wieder die üblichen Fragen.
„Ist das echt von dir?"
Jetzt werde ich doch rot. Über meine Musik zu reden, krieg ich nicht hin. Em ist da besser. Die kann das. Ich verdrück mich lieber.

Lisa

Natürlich gibt Johanna ihm eine Decke. Blöde, mütterliche Kuh. Als ob Jungs darauf stehen! Aber dann, er lächelt. Für sie lächelt er. Ich beiß auf meine Lippen. Bei mir hat er weggeguckt. Das gibt einen Stich. Bitterbösebrennendheiß. Trotzdem. Ich setz mich neben ihn. Jetzt erst recht.
Eine Weile sitzen wir schweigend da. Er starrt ins Feuer, an mir vorbei. Ich zieh die Kapuze ins Gesicht. So kann ich ihn heimlich anschauen. Ohne dass er es gleich merkt. Haben die Kapuzenentwickler sich mal richtig gut ausgedacht. Ob die auch so schüchtern sind?
Dann denk ich, dass es Zeit für ein Gespräch ist. Ich will etwas sagen. Aber es kommt nichts, nur ein „Öööh“.
Ich schau ihn an. Ich will wieder etwas sagen. Aber nur ein „Öööh“ kommt. Oberpeinlich. Ich kann jetzt nicht ’ne Stunde lang „Öööh“ sagen.
Vielleicht „Danke“? Nein, auch zu peinlich. Superpeinlich. Plötzlich purzeln die Worte nur so heraus.
„VielenDankhastmichgerettetwarsuperecht.“ Völlig zusammenhanglos und vor allem viel

zu schnell. Ich kann gar nicht mehr aufhören. Ich blubbere irgendetwas und bin wütend auf mich. Und White Face schaut mich nur völlig irritiert an. Zum Glück erlöst uns Philipp und drückt Seb eine Gitarre in die Hand.

Der Himmel ist orangerot gefärbt. Warmes Dunkel umhüllt uns alle. Und doch zieht eine seltsame Kälte unter mein schwarzes Shirt. Ich ziehe mir die Kapuze wieder über den Kopf, verberge mein Gesicht und rücke noch näher ans Lagerfeuer.
Und dann spielt er doch tatsächlich mein Lieblingslied. Das kann nicht sein. Ist das Zufall? Macht der das absichtlich, macht der das für mich? Ich schaue ihn an. Einen Moment lang treffen sich unsere Blicke. Er lächelt. Wirklich und tatsächlich. Der Typ hat was! Etwas total Cooles. Warum spür ich das erst jetzt? Nein, das weiß ich schon lange. Manchmal mein ich's, bin aber nicht sicher. Diese verdammte Unsicherheit.
Ob der mich auch mag? Immerhin hat er mich gerettet. Und jetzt spielt er für mich. Glen Hansard natürlich. Ich tanze und fühle seine Blicke. Sonst nichts. Ich schwebe. Versinke in der Musik und in seinen Augen. Mir ist warm

und heiß und plötzlich tanzen in meinem Bauch zehntausend Schmetterlinge.

Lisa, hör auf damit. Denk an was anderes. Ich dreh mich um, will weg, weg von ihm und weg aus diesem schönen Traum und falle genau in Johannas Arme. Johanna ist meine beste Freundin. Joh. Wir kennen uns schon ewig.

Sie weiß, was mir guttut. Sie drückt mich.

„Verliebt?“, flüstert sie, „verliebt – oder was?“

Ich nicke. Oder? Ich grabe meine violetten Nägel in Johannas T-Shirt.

„Aber Klappe halten“, sag ich.

„Klar.“ Joh ist meine Freundin.

„Wie der spielt!“

„Ist schon cool, echt cool.“

„Aber auch ein bisschen abgehoben. Andere Welt.“

„Das ist es ja gerade ...“

Sie seufzt und schaut ihn an. Ihre braunen Rehaugen werden ganz sehnsüchtig und weich.

Ich glaub, ich spinne!

„Bist du etwa auch verknallt?“

„Ich? Ich doch nicht!“

„Ich auch nicht.“

„Aber du hast doch gerade gesagt ...“

„Du glaubst auch alles.“

Ich drehe mich wieder zu Seb um. Der spielt immer noch. Versunkener Blick, leicht über die Gitarre gebeugt, die Stimme tief und klangvoll. Ganz anders, als wenn er redet. Als ob er erst in der Musik so richtig aufgeht, so richtig zufrieden ist. Ich wollte, er würde mich auch mal so anschauen und in seine Welt mitnehmen. Doch er ist darin versunken.

Nach dem nächsten Lied ist er fertig mit Spielen und ein paar Mädchen stehen vor ihm. Was wollen die von ihm? Warum wird der jetzt rot? Ich will sofort hinspringen. Doch Frogs spöttische Stimme drängt sich dazwischen. „Na, magst du deinen Lebensretter?" Frog, dieser dämliche Typ. Was weiß der schon? Doch ehe mir eine passende Antwort einfällt, dreht Seb sich um und ist weg. Weg. Einfach so. Abend zu Ende. Kein Wort, kein Gruß, noch nicht mal ein Blick.

Ich bin enttäuscht. Ich stehe da und könnte anfangen zu heulen. Am liebsten würde ich Türen knallen. Aber im Wald gibt's keine Türen. Kann mir mal einer verraten, warum wir in diese beschissene Jugendherberge im Wald gefahren sind? Nichts als tschilpende

Vögel und Abendrot! Ich wollte hier nicht hin. Ich wollte in eine Stadt. Nach Berlin! Und ich weiß auch warum: Da ist wenigstens was los. Ich lasse Frog stehen und haue ab. Für heute hab ich echt genug.

Was hast du über Sebastians Band erfahren? Vervollständige die Satzanfänge.

Die Band heißt ______________________________.

Em ______________________________.

Keet ______________________________.

Sebastian ______________________________.

Sebastian spielt Lisas Lieblingslied. Notiere den Titel und Interpreten.

____

Wenn ihr euch den Song auf CD besorgt und in der Klasse anhört, könnt ihr euch besser in Lisa hineinversetzen.

Wie wird es mit Lisa und Sebastian weitergehen? Schreibe deine Vermutungen auf (Zusatzblatt).

Zum Nachdenken

3

Sebastian

Sechs Jungen in einem Zimmer. Kann mir mal einer verraten, was daran Urlaub und Erholung sein soll? Die schnarchen, als ob sie kanadische Zedernwälder fällen oder aber ein Bergwerk ausräumen. Ich hau mir meine Ohrstöpsel und den iPod rein. Musik ist gut. Das Problem ist nur, bei Musik kann ich nicht schlafen. Ich HÖRE Musik.
Die Musik spricht zu mir. Ich kann in ihr schweben, fliegen, sie aufsaugen, mit ihr mitschwimmen, gegen sie ankämpfen. Aber ich kann nicht in ihr einschlafen. No way.

Am nächsten Morgen mache ich meinem Namen alle Ehre. Bin weiß wie ein Gespenst. Mein Hals kratzt und meine Augenringe fallen sogar mir auf. Keine Ahnung, was meine Mutter dazu sagen wird. Falsche Verdächtigungen, da bin ich mir sicher. Seit ich die Band habe, sieht sie das Rockstar-Image an mir kleben: Drugs, Rock'n'Roll und Chicks, so viel, wie man will. Schön wär's. Leider bin ich nicht Mick Jagger. Und auch nicht Jack White.

Ich bin nur Sebastian. White Face. Blassgesicht. Außerdem interessiert mich der Scheißruhm nicht, ich will einfach meine Musik machen. Aber wenn ich das meiner Mutter sage, lacht sie nur trocken.
„Wart’s ab. Du wirst auch noch erwachsen.“
Sie hat eine Konzertagentur. Da fließt Big Cash. Leider nicht für sie. Sie organisiert das alles ja nur.

Ich strubble meine Haare zurecht und geh zum Frühstück. Da sitzen sie schon alle. Und Johanna hat einen Platz neben sich freigehalten. Winkt mich gleich zu sich. Super, spart mir die Sucherei.
Lisa sitzt uns gegenüber. Als ich mich hinsetze, verzieht sie den Mund. Kein „Guten Morgen“, nichts. Nur ein böser Blick. Jetzt versteh ich gar nichts mehr.
Erst schaut sie mich nicht an, dann sitzt sie neben mir, aber hinter ihrer Kapuze, als würde sie sich verstecken. Dann redet sie, aber eher mit sich als mit mir, und dann tanzt sie, als würde sie gleich abheben. Jetzt wieder nur böse Blicke. Wenn sie Spielchen spielen will, nicht mit mir. Hab ich keinen Bock drauf. Außerdem keine Ahnung, hatte noch nie eine Freundin.

Ihre Freundin Joh, die verstehe ich. Die gibt einem Decken und Mathehausaufgaben. Die antwortet, wenn man sie etwas fragt, und die lächelt. Einfach freundlich.

Doch Lisa? Lisa ist ein Geheimnis. Lisa lächelt, und dann läuft sie weg, und dann ... keine Ahnung.

Gestern Abend, nach dem Lied. Was war das eigentlich?

Erst tanzt sie, als würde sie fliegen. Ist mir ganz anders geworden, als ich sie so gesehen habe. So hat noch nie ein Mädchen zu einem meiner Lieder getanzt. Musste immer wieder zu ihr rüberschauen, fast hätte ich meine Songs nicht mehr gebracht. Dann kommt ihre Freundin, und puff, der ganze Zauber ist weg, sie wirft sich ihrer Joh in die Arme. Fast tat's weh, die beiden da so innig zu sehen. Worüber haben die nur geredet?

Und dann – ich glaub, die haben dabei zu mir geschaut – giftet sie rum, dass die Funken bis ans Feuer sprühen. Ich raff's echt nicht, und ehrlich, es ist mir auch zu kompliziert. Wenn sie nicht diese wunderschönen Augen hätte, könnte sie mir gestohlen bleiben. Diese Augen und dieses Lächeln. Ich will nicht, aber irgendwie muss ich doch an sie denken.

Lisa

Die anderen schlafen. Nur ich, ich liege wach. Groß und rund guckt der fette Mond durchs Fenster. In meinem Kopf tausend Gedanken. Soll ich Seb morgen sagen, dass ich ihn gern kennenlernen möchte? Kennenlernen? So ein Quatsch. Wir sind ja in derselben Klasse. Aber mehr Zeit mit ihm verbringen? Alleine. Nur er und ich. Mein Herz klopft. Ist das dann ein Date? Soll ich ihn fragen? Soll ich? Ja – Nein? Soll ich oder soll ich nicht?
Und wenn er Nein sagt?
Wenn er mich nicht mag ...
Bestimmt mag der mich nicht. Hab Angst, abgewiesen zu werden. Fühle mich klein und sinke in mein Bett. Ziehe die Decke bis zur Nasenspitze, rolle mich zusammen. Am liebsten wäre ich unsichtbar.
Lisa, du musst aber etwas sagen, sonst weiß der doch gar nicht, was Sache ist. Lisa, mach den Mund auf, sag endlich etwas.
Ich versuche, mir Mut einzuflüstern. Aber das mit der Liebe ist so verteufelt schwer. Ich beiße auf meine Lippe und liege in meinem Bett. Da fällt mir etwas ein. Ich muss grinsen, als ich an die Zettelchen in der Grundschule denke:

Willst du mit mir gehen?
☐ Ja ☐ Nein ☐ Vielleicht
Das war superleicht! Soll ich einfach sagen „Ich mag dich"?
Nö, ist zu peinlich, so mit der Tür ins Haus zu fallen. Ist auch plump ohne Ende.
Oder besser die langsame Tour? Erst mal Blicke abwarten, dann ein Lächeln oder Rotwerden. Aber kriegt er das mit? Männer sind da cooler, glaub ich. Oder doch nicht? Auch egal.

Ich könnte jetzt jemanden gebrauchen, der mit mir ein Liebesseminar macht. Mit allem, was dazugehört: Flirten – wie spreche ich ihn an? Küssen – wie küsst man? Lust – das darfst du zeigen! So zeigst du ihm, dass du ihn magst. Streicheln. Berührungen.

Mir zittern die Knie bei dem Gedanken. Würde ich ihn jetzt sehen, dann würde ich's ihm direkt mitten ins Gesicht sagen.
Ich glaube, ich mag die direkte Art – nicht lange herumzicken, sondern sprechen! Und doch bin ich zu feige. Ich schaffe es nicht.
Ich kuschle mich in mein Bett. Ich sehne mich so! Und nur der Mond schaut zu und grinst mitten in meine Sehnsucht hinein.

Mache dir, bevor du weiterliest, Gedanken über folgende Fragen:

Woran merkt man, dass Sebastian und Lisa sich mögen?

____

____

____

____

Wodurch wird deutlich, dass Sebastian und Lisa unsicher sind, ob und wie sie sich ihre Zuneigung zeigen sollen?

____

____

____

____

Welchen Rat würdest du den beiden geben?

____

____

Zum Nachdenken

4

Sebastian

Endlich brechen wir hier die Zelte ab. Stehen mit dem Rucksack am Bahnhof.
Philipp stößt mich an.
„Sollen wir uns zu deiner Braut setzen?"
„Klappe."
Der wollte mich tatsächlich zu Lisa und Johanna ins Abteil ziehen. Ist mir zu plump. Und aufdrängen mag ich mich auch nicht.

Am Ende sitzen die Mädchen zusammen und wir Jungen auch. Tüngelmann schreitet durch den Gang und sorgt für Ordnung.
Ich greife zum iPod. Wilde Musikauswahl. Irgendwie lande ich wieder bei Jack Johnson. Fröhlich-traurige Lagerfeuermusik. Sehe wieder, wie Lisa vor mir tanzt. Die hat ganz schön Feuer. Stell mir vor, wie es wäre, sie beim Tanzen im Arm zu halten.
„Alles klar bei dir, Mann?"
Philipp stößt mich in die Seite.
Der Traum ist vorbei.
Vor uns steht Lisa. Sie hält sich mit den Armen oben am Geländer fest, schaukelt langsam hin

und her. Ihr T-Shirt ist hochgerutscht. Ich sehe nur ihren nackten Bauch, nichts sonst, nur ihren Bauch.

In meinem Bauch zieht sich alles zusammen. Wie soll man da noch denken, wenn man so was sieht? Ich glaube, ich muss jetzt gleich schreien. Stattdessen sage ich kein Wort, ziehe die Bonbons aus der Tasche und halte ihr die Tüte vor die Nase.

„Willst du?“, murmele ich, stammle es fast. Cool ist echt was anderes.

Philipp grinst nur. Ich könnte ihm eine reinschlagen.

Lisa schaut mich an. Mit ihren wasserblauen Augen guckt sie mich an. Dann greift sie in die Tüte und wird knallrot. Schiebt sich das Bonbon in den Mund und zieht ab. Wortlos. „Danke“ wäre ja auch mal schön gewesen. Ich pfeife wütend hinter ihr her. Dumme Nuss.

Philipp und Frog machen lange Gesichter und ziehen die Augenbrauen hoch. Gleich prusten sie los. Ich halte ihnen die Tüte vor die Nase. Lachend greifen sie rein, schieben sich die Teile in den Mund. Wenigstens sind sie ruhig. Ich packe die Reste in meine Tasche.

Aber süß sieht sie aus, wenn sie rot wird.

War das etwa wegen mir?

Lisa

Gestern sind wir nach Hause gefahren und ich hab nichts mehr zu ihm gesagt. Nach dem Laberflash am Lagerfeuer hab ich besser die Klappe gehalten. Bin ihm aus dem Weg gegangen, vor lauter Unsicherheit. Hab seine Nähe gesucht, vor lauter Sehnsucht! Ich kaue vor Aufregung schon Nägel. Wie ein Kaninchen. Und im Zug, als er mir die Bonbons vor die Nase hält, kriege ich kein Wort raus. Ich glaube, ich bin rot geworden. Rot wie eine prallreife Tomate. Ob er mich jetzt für total blöd hält?

Zu Hause wartet eine Überraschung. Meine Mutter mit ihrer „Wir-müssen-reden-Stimme“. Und dann großer Bahnhof im Wohnzimmer.
„Schätzchen, setz dich.“
„Ja, Mama.“
Ironie ist das Einzige, was jetzt hilft.
„Ich muss mit dir reden.“
Ich knalle meinen Rucksack in die Ecke und hocke mich auf die Couch. Sie habe Zeit gehabt nachzudenken, sagt sie. Ich ahne Böses und könnte kotzen. Ich hab Magengrimmen, wenn sie mich so ansieht.
Früher war das anders. Da waren wir auch eine

Familie. Da war Mama noch Mama und für mich da. Doch seit Papa mit seiner Sekretärin abgehauen ist, stimmt nichts mehr bei uns. Mama jobbt jetzt als Kassiererin im Supermarkt. Das ist ja völlig okay, aber muss sie sich deshalb die Haare rot färben, grell schminken und einen auf zwanzigjährig machen?
Letzteres liegt wohl eher an ihrem neuen Lover. „Arthur", haucht sie ins Telefon. „Arthur, sehen wir uns heute?"
Ich könnte sie schütteln, sie packen, mich vor ihr aufpflanzen und schreien: „Mama, merkst du's noch? Sofort nach Papa dem Arthur hinterherzurobben, ist doch peinlich. Oberpeinlich! Auch deine rote Mähne."
Aber wahrscheinlich würde sie mich nur verständnislos angucken und „Arthur" hauchen.

Und jetzt sagt sie, dass Arthur bei uns einzieht. Ich hab mir immer geschworen: Dann bin ich weg! Erstens ist Arthur eben Arthur und nicht Papa, und zweitens hab ich einfach keinen Bock, mich mit dem auseinanderzusetzen. So weich, so schwach, so nett. Der kriegt ja schon Panik beim Anblick meines Nasenpiercings. Außerdem ist Arthur nicht allein.
Arthur hat eine Tochter. Und nicht nur

das! Die lebt bei ihm. Und er vergöttert sie. Melanie! Mellie hier, Mellie da. Mellie ist ein Jahr jünger als ich und der Typ rosa Prinzessin! Zum Kotzen, echt. Wenn Mama und Arthur glauben, da wird ne glückliche Familie draus – mit dämlichen Samstagabendshows vor dem Fernseher, dazu gemütlich Beine hoch, Chips und Bier – sorry, ohne mich! Dieses ganze Familiending wird sowieso völlig überschätzt. Braucht kein Mensch. Ich auf jeden Fall nicht.

Und jetzt wird der Albtraum wahr. Das haben sie so beschlossen. Sie wollen es ganz langsam angehen. Immer mal ein Wochenende. Und in drei Monaten zieht er hier ein.
Aber die meisten Nächte pennen die doch eh schon zusammen. Als ob ich das nicht mitkriegen würde. Mama hat rote Flecken im Gesicht, und ich würde am liebsten irgendwas durch die Wohnung werfen. Der hat tatsächlich seine Wohnung gekündigt. Jetzt wird es ernst.

Sebastian

Als ich nach Hause komme, riecht es nach gebratenem Fleisch und geschmorten Paprika.

Mama kocht. Sie ist tatsächlich zu Hause. Sogar der Herr des Hauses ist anwesend. „Hallo“, rufe ich in die Runde und verzieh mich in mein Zimmer. Ich brauch ’ne Dusche, und zwar dringend.
„Kommst du zum Essen? Wie war die Fahrt?“ Mama steht mit dem Schöpflöffel in der Tür, Papa schlurft hinter ihr. Er sieht grau aus, und krank.
Mama hat kein Make-up. Müde Augen und Hausfrauenlook. So sieht man sie selten. Aber sie ist ja auch selten zu Hause.
„Alles okay? Mit euch beiden, mein ich?“
„Ja, natürlich.“
Mama wischt sich eine Strähne aus der Stirn, Papa nickt nur und geht.
Nichts ist okay. Die beiden haben mal wieder gestritten. Wie immer. Und immer dasselbe. Und das soll Liebe sein?

Nach der Dusche fühle ich mich besser, aber alles an guter Laune schwindet, als ich an den Esstisch komme. Früher hat mein Vater die Tabletten heimlich genommen, jetzt liegen sie offen neben seinem Teller.
„Martin, muss das sein?“
„Es muss sein.“

Er hält seine Hand. Sehnenscheidenentzündung. Wäre nicht schlimm, wäre er nicht Geiger. So ist es ein Weltuntergang. Er kann nicht spielen, wenn seine Hand schmerzt. Und spielen muss er. Fast habe ich Mitleid mit ihm.
„Habt ihr heute Orchesterprobe?"
Er schüttelt den Kopf. Dann nimmt er die erste Schmerztablette.
„Das Trio spielt heute."
Mamas Stimme ist scharf. Schneidend scharf. Das Trio ist Papas Wochenend-Band. Er nennt es selbst so. Im Orchester spielen sie Klassik: Mozart, Brahms, Schostakowitsch. Als Geiger ist er da gut gebucht. Aber manchmal hat er genug von der Klassik. Deshalb hat er vor drei Jahren mit ein paar Freunden das Trio gegründet. Wir nennen es immer nur das Trio, eigentlich heißen sie „The Best Klezmer Sundaynight Trio". Und Mama organisiert die Konzerte für sie.
„Das Trio ist heute die Vorband für Giora."
Mama spricht in meine Richtung.
Dann zu Papa gewandt: „Das kann euer Durchbruch sein."
„Ich weiß."
Er wirft die zweite Schmerztablette ein. So wie er das Gesicht verzieht, ist es heftig.

Die Schmerzen sind in den letzten Wochen immer schlimmer geworden. Er sagt nichts, aber wenn man ihn anschaut, sieht man es. Was Mama nicht tut. Sie schaut ihn nicht an.
„Hör auf mit dieser Leidensnummer. Ihr müsst spielen, Martin.“
Ihre Stimme ist kalt.
Ich schiebe den Braten auf meinem Teller hin und her. Der Appetit ist mir schon lange vergangen. Papa auch. Er hält sein rechtes Handgelenk mit der linken Hand fest.
„Der Auftritt ist wichtig, Martin.“
Sie schneidet ihr Fleisch klein. Das Messer schabt mit einem lauten quietschenden Geräusch über den Teller.
„Iss was, Martin.“
Papa hat seinen Teller noch nicht einmal angerührt.
„Du musst etwas essen. Sonst wirken die Tabletten nicht!“
Er schaut sie an. Sein Blick ist gefährlich. Aber sie ignoriert ihn.
„Du musst spielen ...“
„Es reicht, Tonia.“
Er steht langsam auf.
„Wo ...? Martin, wir essen!“
„Ich hab gesagt, es reicht.“

Sie haben beide volles Volumen erreicht. Jetzt geht es los. Er schreit, dass er es nicht mehr aushält. Sie schreit, dass er sich zusammenreißen soll. Schmerzen halten keinen Musiker vom Spielen ab, sagt sie. Karriere geht vor, sagt sie. Er soll sich nicht so anstellen, sagt sie.
Er sagt gar nichts. Er geht in sein Zimmer. Und schließt die Tür hinter sich zu.
Ich geh auch in mein Zimmer.

Eine halbe Stunde später die Fortsetzung.
„Ich zieh aus!“
Das ist Papa.
„Tust du nicht. Du spielst!“
Das ist Mama.
„Wir sehen uns heute Abend beim Auftritt.“
Knall. Tür zu. Papa ist tatsächlich weg.
Und Mama heult.

Ich stelle meinen Rechner an. Von Lisa eine Freundschaftsanfrage über *Facebook.*
Was soll das? Kann die nicht direkt mit mir reden?
„Mädchen!“, knurre ich wütend und hole meine Gitarre.

Notiere stichwortartig, was du jeweils über Lisas und Sebastians Familiensituation erfahren hast.

Lisas Familiensituation:

____

____

____

____

Sebastians Familiensituation:

____

____

____

____

Forschungsauftrag: Finde heraus, was „Klezmer“ bedeutet.

Tipp: Mit „Giora“ (S. 38) ist Giora Feidman gemeint. Er spielt Klarinette und ist ein bekannter Klezmermusiker.

Zum Nachdenken

Lisa

Jetzt ist erst mal Wochenende. Drei Tage Zeit, mir zu überlegen, was ich tun kann. Traute Zweisamkeit mit Mama ist vorbei. Arthur zieht ein. Und mit ihm der rosa Alptraum Mellie.
Und alles, woran ich denken kann, ist Seb.
Freitagabend. Ich schalte meinen Rechner an. *Facebook*. Ich öffne mein Profil, Supersuche. Name: Sebastian, Nachname: Kohlenmeister. Enter. Treffer!
Oh Gnade, Sebastian Kohle, Meister; Streber-Sebastian; Pulli-Sebastian. Der kommt garantiert nicht in meine Freundesliste.
Neue Suche: Name: White Face. Enter. Treffer. Das ist er.
Ich starre das Foto an. Wie er da guckt ...
Ich kriege Herzklopfen. Dann drücke ich auf „Zur Freundesliste hinzufügen".
Anfrage verschicken? Ja!
Code eingeben. Tipp, tipp, Code eingegeben. Absenden.
Ja! Ja! Einladung verschickt. Jetzt muss er nur noch annehmen.

Ich warte, warte, warte. Geht der nicht an seinen Rechner?

Doch, der geht bestimmt. Der muss nur so lange überlegen.
Bestimmt kann der mich gar nicht leiden. Der hätte doch jede aus dem Wasser gezogen, und ich blöde Kuh habe mir eingebildet, er würde mich meinen.

In der Zwischenzeit überlege ich mir, was ich am Montag zur Schule anziehe. Gemildertes Gothic, jep. Lisa, gib dich nicht auf! Aber *er* ist es wert. Und ich glaub echt, der steht nicht so auf Gothic. Eher streng schwarz, klare Linie. Künstler, Musiker.
Wenn der Kerl doch mal den Mund aufmachen würde. Er müsste wenigstens einmal sagen, dass er mich mag. Dass er mich sympathisch findet, würde auch reichen. Aber der Kerl redet ja nicht. Und ich zittere bei dem Gedanken, dass er abwinkt.
Dann rede du doch endlich, Lisa. Aber du packst es ja auch nicht.
Oder soll ich mit meinen Armreifen klimpern? Den langsamen Augenaufschlag versuchen? Meinen Busen ausfahren? Würde er dann endlich reden? Oder würde ihn das eher verschrecken? Keine Ahnung.
Nun red doch endlich!

Aber der Kerl schweigt.
Ach, Lisa, du tust es ja auch. Du schweigst.

Ich stelle den Sound des iPods hoch. Die tiefe warme Stimme des Sängers von *Drowning Pool* hüllt mich ein:
Do you see me, sitting here?
I'm waiting for you to say anything.
Head hung low, kicking stones down,
kicking stones down the road to hell now.
I'm waiting for you to say anything, anything.

Offensichtlich hab nicht nur ich das Problem ...
Sitzen und warten und Steine kicken.
Verdammt, nein!

Aus Langeweile gebe ich „White Face" bei *YouTube* ein.
Tatsächlich! Ein wackeliges Video, gedreht in irgendeiner Garage! Geile Musik! Die drei sind richtig gut! Keet ist klasse am Schlagzeug, richtig kraftvoll und explosiv. Zwar sieht das superanstrengend aus, wie sie da auf die Drums drischt, aber vielleicht ist sie deshalb auch immer so ausgeglichen. Besser kann man doch Frust gar nicht abbauen!
Vielleicht sollte ich das auch mal versuchen: An

Arthur und Mellie denken und auf die Drums prügeln! Vielleicht nimmt Seb mich ja mal mit, wenn die drei proben? Vielleicht sollte ich heute Nacht auch noch mal eben ein Instrument lernen, um ihm zu imponieren? Die Blockflöte aus der vierten Klasse reicht da wohl nicht. Vielleicht, vielleicht, vielleicht, vielleicht mag er mich ja auch einfach so, wie ich bin. Ja, vielleicht ...

Em hat wirklich eine geniale Stimme. Und Seb. Richtig gute Gitarrenriffs. Jeder Griff sitzt. Wieder denke ich, wie gut er aussieht. Zehnmal. Fünfzehnmal. Zwanzigmal ruf ich das Video ab. Ein Abend mit Seb! Ich fange an zu heulen. So geht das nicht. Ich muss was tun!

Stell dir vor, dass du mit Lisa und Sebastian über *Facebook* Kontakt aufnehmen kannst. Schreibe für jeden der beiden eine Nachricht, in der du zum Ausdruck bringst, was du über ihre Situation und ihr Verhalten denkst (Zusatzblatt). Du kannst auch eigene Erfahrungen und Gedanken schildern und den beiden Tipps geben.

Zum Nachdenken

5

Sebastian

Papa wohnt bei seinem Bruder, Onkel Stefan. Der hat noch ein kleines Zimmer. Das Konzert war okay, aber Papa meint, dass es so nicht weitergeht. Nicht mit Mama und ihm. Kann ich verstehen. Liebe, das ist nichts für mich. Wirklich nicht.

Endlich Sonntag. Wochenende vorbei. Fast bin ich froh.

Zu Hause war die Stimmung mies. Ach was, welche Stimmung? Da war keine Stimmung. Mama hat gefaucht wie eine Katze. Und Papa hat sich verkrochen.

Warum ist alles so kompliziert? Fast freu ich mich auf die Schule. Mathematik ist logisch. Musik ist klar. Liebe, das ist anders.

Zu Papa ist Mama eine Kratzbürste. Wenn er nicht da ist, heult sie sich die Augen aus. Versteh ich nicht.

Und Papa? Er sieht auch schlecht aus. Grau und schmerzverzerrt. Mir kann keiner erzählen, dass das nur die Sehnenscheidenentzündung ist. Der guckt auch wegen Mama so traurig.

Aber als ich ihn am Sonntag getroffen habe, wollte er nicht drüber reden. Hat nur abgewinkt: „Manchmal brauchen die Dinge eben etwas Zeit.“

Da muss ich an Lisa denken. Sie ist mir sofort aufgefallen, als ich in die Klasse kam. Die blauesten Augen, die ich je gesehen habe.

Und wenn sie ihre kurzen Röcke trägt, kann Tüngelmann erzählen, was er will. Dann kann ich nur noch an sie denken. Ich seufze leise.

Papa guckt mich an und grinst.

„Na, mein Sohn, verliebt – oder was?“

„Oder was?“

Ich grinse zurück. Soll ich ihn jetzt fragen? Ich hab keine Ahnung, was ich mit Lisa machen soll. Sie guckt mich an, sie guckt weg, sie tanzt, dann rennt sie zu ihrer Freundin.

Alles so ... merkwürdig. Verwirrend. Ich bin total überfordert.

Liebesseminar mit Papa? Nee, darauf pfeif ich.

Als ich nach Hause komme, fahre ich meinen Rechner hoch und klicke auf *Facebook*. Lisas Freundschaftsanfrage wartet immer noch.

Ich klicke auf „annehmen“. Jetzt sind wir also offiziell Freunde, wie die anderen 86 Leute, die auf ihrer Freundschaftsliste stehen.

Hätte ich vielleicht einen Gruß dazuschreiben sollen?
Ich hab meine Gitarre im Arm, spiele noch einmal *Falling slowly.* Meine Finger fahren über die Saiten, ich summe mit. Plötzlich taucht eine neue Melodie auf. Weich und sehnsuchtsvoll. Ich ziehe meinen Block aus der Tasche und schreibe die Noten auf. Dann spiele ich die Melodie noch einmal. Dazwischen tauchen erste Worte auf, ein Refrain.
Ich schreibe und spiele und schreibe. Der Song könnte richtig gut werden.
Soll ich morgen mit ihr reden? Aber was soll ich sagen?

Sebastian denkt: „Liebe, das ist nichts für mich." – „Ich bin total überfordert." Erläutere, warum er so denkt, und schreibe deine Meinung dazu auf. (Zusatzblatt)

Oder: Stell dir vor, Sebastian hätte sich auf ein Gespräch mit seinem Vater eingelassen. Wie könnte es verlaufen? Entwirf ein mögliches Gespräch
Vater: „Na, mein Sohn, verliebt – oder was?"
Sebastian: „..."

Zum Nachdenken

Lisa

Sonntag. Endlich eine Nachricht. Ich hab doch tatsächlich Herzklopfen, als ich mein Profil öffne. Ist die Nachricht von ihm?
Ja! Er hat meine Einladung angenommen, steht nun in meiner Freundesliste. Das war's. Keine Nachricht, kein Gruß auf der Pinnwand.
Bin ich enttäuscht?
Er hat die Freundschaftsanfrage bestätigt. Das ist doch gut, denke ich. Aber keinerlei Kommentar dazu. Nichts. Stoffel.
Ich bin wütend. Er hätte doch wenigstens einen Gruß dazuschreiben können. Ich kann nicht glauben, dass er bis jetzt gebraucht hat, die Mail zu lesen. Drei Tage offline, da lachen ja die Hühner. Wahrscheinlich musste er nur so lange grübeln, ob er mich in seine Freundesliste aufnehmen will. Ich könnte heulen.

Mama schaut mich lange an.
„Lisa, ist alles in Ordnung mit dir?"
„Ja, natürlich."
Mehr sage ich nicht. Es ist Montagmorgen. Die Woche geht wieder los. Schule, wie immer. Doch diesmal hab ich Herzklopfen. Ich schau in den Spiegel. Meine Haare – ich binde sie hoch.

Hab sie gestern Abend extra noch einmal gewaschen. Mach noch Gel rein, damit sie sich schön wellen, und dann mit Klemmen hoch. T-Shirt – mein Lieblingsteil. Dazu der kurze Rock, die Strümpfe, die Stiefel. Ich will nicht auffallen, aber ich will *ihm* auffallen.
Geht das?
Lidschatten, Make-up, Lippenstift. Ja klar, wir sollen in der Schule nicht geschminkt sein. Sind wir ja auch – fast nicht.
Nur ein bisschen.

Ich schau noch mal in den Spiegel, dann krall ich mir meine Tasche. Frühstück? Heute nicht. Mein Magen ist vor lauter Aufregung eine kleine zugeschnürte Kugel. Ich krieg keinen Bissen runter, da kann Mama reden, wie sie will. Ich beruhige sie, winke ab, trinke einen Becher Tee.

Als ich in die Klasse komme, trifft mich der Schlag. Johanna! Ich reib mir die Augen. Hab ich plötzlich Wahnvorstellungen? Johanna, ist sie das wirklich? Oder hat sie ein Double geschickt? Johanna im Gothic-Look, Johanna verkleidet! Ich fass es einfach nicht! Nein, ich hab Halluzinationen. Eine Fata Morgana.

Johanna! Von wegen Familie! Johanna hat den Samstag gründlich genutzt.

Johanna gepierct. Johanna mit tiefschwarzen Haaren. Johanna mit Rüschenbluse und Weste aus Brokat. Johanna blass geschminkt, mit schwarz lackierten Fingernägeln.

In großem Bogen dreh ich mich weg. Sie will gerade ihren Mund öffnen, klappt ihn aber wieder zu, als ich ihr den Rücken zudrehe.

Ich würdige die Alte keines Blickes mehr. Das ist eine elende Nachmacherin. Selbst keine Ideen im Kopf, aber dann alles kopieren!

Und Knete hat sie eingesetzt! Drei Piercings seh ich allein aus dem Augenwinkel. Die hat nichts begriffen. Das ist doch kein Karneval, Gothic ist eine Lebenseinstellung, und zwar *meine*: Rückzug von diesem ganzen konservativen, konsumorientierten, egoistischen Scheiß. Weg von Heile-Welt-Geschwafel und „Wir spielen glückliche Familie". Aber das ist doch nicht Johs Ding. Was soll das also?

Was soll das also? Hast du eine Antwort darauf?

____

Zum Nachdenken

Da durchfährt mich ein Blitz!

Ja, es stimmt! Ja, es ist wahr. Ich bin ja so bescheuert!

Natürlich! Die hat es auf Seb abgesehen! Und sie glaubt, ihn sich so angeln zu können? Wenn es nicht so bitter wäre, müsste ich jetzt lachen. Ich schmeiß meine Klamotten in die Tonne, weil ich genau spüre, das ist Seb zu krass. Und Joh kramt sie wieder raus? Joh, meine beste Freundin Joh, wird jetzt meine Konkurrentin? Wie abgefahren ist das denn!

Oh, Lisa! Du hast selbst Schuld, du hast ihr doch gesagt, du seist nicht verliebt!

Ich stehe in hellen Flammen. Am liebsten würde ich es jetzt hinausschreien, an die Tafel schreiben: Doch, du blöde Kuh, ich bin verliebt! Lass ja die Finger von ihm! Mach's ja nicht noch komplizierter. Es ist auch so schon beschissen kompliziert genug.

Da kommt Seb ins Klassenzimmer. Er sieht blass aus, blasser als sonst. Soll ich ihn fragen, ihn drauf ansprechen?

Nee, das ist ja oberpeinlich. Also halt ich meine Klappe und sag nichts. Und zum Glück geht die Stunde los.

Auf diesem Bild fehlt etwas bei Johannas Outfit. Wenn du das Bild mit dem Text vergleichst, kannst du den Fehler finden und hier notieren.

____

Zum Nachdenken

6

Sebastian

Tüngelmann nervt.

„Sebastian, es wäre schön, wenn du uns deine Aufmerksamkeit schenken würdest."

„Sebastian, meinst du, du könntest dich heute mehr am Unterricht beteiligen als nur durch körperliche Anwesenheit?"

„Sebastian, wir schätzen deine Gedanken sehr. Wenn du sie mit uns teilen würdest ..."

Lisa sitzt drei Bänke hinter mir. Da, wo sie immer sitzt. Doch diesmal spür ich sie. Am liebsten würde ich mich umdrehen. Und sie anschauen. Sie hat ihre Haare hochgebunden. Das ist neu. Sonst hängen sie ihr immer ins Gesicht. Ist schön. Man sieht ihre Stupsnase. Und man sieht ihren Hals. Mir wird ganz heiß. Dann durchfährt mich eine siedend heiße Welle. Im ganzen Körper. Mir wird ganz anders. Mist. Hoffentlich sieht man das jetzt nicht.

Ich schlag meine Beine übereinander.

Und beiß auf meine Lippen. Schnell an etwas anderes denken, vielleicht an die Mülltonnen vor dem Haus. Oder an die Katze vom Penner drei Straßen weiter.

Philipp guckt mich an. Und grinst. Der hat mich durchschaut! Ich werde knallrot. Und dann kommt auch noch Tüngelmann.
„Sebastian, könntest du ...“
Nein, ich kann jetzt nicht, will ich schreien! Wenn der jetzt will, dass ich an die Tafel vorgehe, dann ...
Ich starre auf die Tischplatte. Tüngelmann anzuschauen, schaff ich nicht. Die Hölle ist hier, und ich bin mittendrin.
Tüngelmann labert immer noch.
Ich blende es aus. Versuche, gleichmäßig zu atmen und wieder runterzukommen.
Zum Glück schrillt die Klingel. Erlöst! Gerettet! Ich war noch nie so froh darüber. Das Monster hat mich noch einmal aus den Krallen gelassen.

Lisa steht auf. Rucksack über die Schulter und raus ist sie.
An der Tür wirft sie mir noch mal einen Blick zu. Als ob sie erwartet, dass ich ihr nachkomme. Erwartet sie das?
Mich durchfährt es heiß. In mir vibriert jede Zelle. Ich kann jetzt nicht aufstehen! Kann keine Bewegung machen. Werde rot und senke den Kopf. Wenn es ein Loch im Boden gäbe, würde ich jetzt darin versinken.

Oh, mein Gott! Ich nehme mir alle Zeit der Welt, um meine Bücher einzupacken. Eins nach dem anderen. Ich brauche jetzt Zeit. So kann ich nicht rausgehen.
Philipp pflanzt sich auf meinen Tisch.
„Willst du hier Wurzeln schlagen?"
Ich schau langsam hoch.
„Ich pack meine Sachen zusammen. Sieht man doch."
„Sieht man."
Er grinst.
„Hast sie ganz schön angestarrt."
„Hat sie ...", stammle ich, „das gemerkt?"
„Weiß nicht." Philipp zuckt die Schultern.
Sein Grinsen wird noch breiter.
„Sag bloß, dich hat es erwischt?"
„Halt die Klappe."
Jetzt kann ich aufstehen, mein Puls ist wieder normal.
Als wir rauskommen, steht Johanna im Gang. Läuft einfach neben uns her ins nächste Zimmer. Irgendwas an ihr ist anders. Die Haare sind dunkler. Schade, ihr brauner Zopf sah lustig aus. Und andere Klamotten hat sie auch an.
Warum machen Mädchen das nur?
Vielleicht hat sie sich verliebt? Ich muss grinsen und guck zu Philipp. Wozu macht die das

Theater? Der erwidert meinen Blick und zuckt die Achseln. Mal sehen, wer der Glückliche ist.

Lisa

Ich glaub's nicht, der starrt mich an! Nein, der guckt nicht zu mir. Der guckt nur zu Johanna. Johanna im neuen Gothic-Look. Verräterin. Oder doch zu mir? Mein Puls rast.
Tüngelmann spricht ihn an. Der Arme! Er hat nicht zugehört, man sieht es genau. War ja klar, dass Tüngelmann das auch checkt. Und ihn sofort drannimmt.
Der wird ja tatsächlich rot.
Soll ich, soll ich mich melden ... ihm helfen? Aber zum Glück klingelt es. Er ist befreit, und ich bin es auch. Wenn er jetzt lächelt, quatsch ich ihn an. Draußen auf dem Gang. Muss ja nicht jeder mitkriegen.
Ich hole tief Luft. Ja, jetzt tu ich's.
Ich nehm meinen Rucksack und werfe ihm beim Rausgehen noch einen langen Blick zu. Versteht er ihn? Checkt er, dass ich draußen auf ihn warte, mit ihm quatschen will?
Er guckt mich an. Ein kurzer Blick aus dunklen Augen. Flackert da etwas? Ist da ein Lächeln?

Er streicht sich die Haare aus der Stirn, dann guckt er auf den Boden. Kein Lächeln.

Draußen vor der Tür steh ich mir die Beine in den Bauch.
Alle sind schon weg, nur White Face nicht.
Was macht der denn nur? So lange dauert das doch nicht, die Bücher einzupacken. Vorsichtig gucke ich noch mal ins Zimmer.
Philipp sitzt auf dem Tisch, und White Face packt seine Bücher ein. Eins nach dem anderen. Zeitlupentempo. Langsamer geht es ja wohl kaum. Mich durchzuckt es heiß: Na klar, der weicht mir aus. Der hat meinen Blick gesehen, der ahnt, dass ich hier stehe. Der will mir aus dem Weg gehen!
Und jetzt kommt auch noch Johanna in ihrem Rüschenrock den Gang entlanggewalzt.
Eindeutig, die will auch zu White Face.
Das halt ich nicht aus.
Ich renne aufs Klo. Hocke auf dem Klodeckel und könnte einfach nur heulen. Warum tut er das?
Bestimmt findet er mich schrecklich. Ganz bestimmt. Oder doch nicht?
Er hat mich die ganze Stunde über angeguckt. Oder hab ich mir das nur eingebildet? Der ist

doch rot geworden. Oder hab ich mir das auch nur eingebildet? Nein, hab ich nicht. Tüngelmann hat es auch gemerkt. Sonst hätte er ihn nicht dreimal ermahnt.

Sebastian denkt: „Ich brauche jetzt Zeit.“ Und Lisa denkt: „Na klar, der weicht mir aus.“ Beide warten darauf, dass sich eine passende Gelegenheit ergibt. Vervollständige die Satzanfänge aus Sebastians oder Lisas Sicht.

Ich warte auf ______________________________.

Ich warte darauf, dass ______________________________.

Ich warte ______________________________.

Ich warte ______________________________.

Ich wünsche mir ______________________________.

Ich möchte ______________________________.

Wenn er/sie doch nur ______________________________

______________________________.

Ich ______________________________

______________________________.

Zum Nachdenken

Sebastian

Am liebsten wäre ich unsichtbar. Würde mich verstecken, verkriechen, verwandeln.

Geht nicht. Bin da.

Und sie auch.

Sie ist nah, nur drei Bänke hinter mir. Und gleichzeitig unerreichbar fern. In einer anderen Welt.

Ich würde am liebsten die Hand ausstrecken, sie umarmen, sie in den Arm nehmen. Aber das trau ich mich nicht. No way!

Und angucken ist auch gefährlich. Dann reißt es mich wieder weg, mir wird siedend heiß und ich kann mich nicht bewegen.

Ich hab Angst, dass mir das noch einmal passiert. Hab Angst, dass die ganze Welt sieht, dass ich auf diese Frau stehe. Dass ich scharf auf sie bin.

Ich sollte mit ihr reden. Sie zum Eis einladen. Das macht man doch so, oder?

Aber sie redet ja auch nicht mit mir. Senkt die Augen. Schaut weg.

Ich will mich nicht aufdrängen, nicht, wenn sie nicht will.

Doch eigentlich hab ich bloß keinen Mut, sie anzusprechen.

Lisa

Donnerstag. Es reicht. Die ganze Woche über hat er kein Wort mit mir gesprochen.
„Hi", ja, das hat er gesagt, wenn wir uns in der Frühe gesehen haben.
„Bye!", wenn wir nach Hause gegangen sind.
Ist das ein Gespräch? Nein! Ich könnt ihm an die Gurgel springen.

Aber ich bin ja nicht besser. Hab auch kein Wort rausgekriegt. Bin stumm wie ein Karpfen. Mehr als Blubb und „Öhhh" krieg ich ja auch nicht raus. Hab mich noch nicht mal für seine *Facebook*-Aktion bedankt. Und nun ist die Woche fast rum. Morgen noch, dann ist Wochenende. Zwei Tage Tristesse mit Mama und Arthur und zuckerrosa Mellie-Babe.
Ich hör wieder *Drowning Pool*. Immer und immer wieder.
I'm waiting for you to say anything.

Okay! Lange genug gewartet! Jetzt mache ich den Anfang. Ich hab ja schließlich einen Grund: mich bedanken.
Ich glaube, ich tu's. Aber wie nur, wie? Ihn direkt ansprechen? Trau ich mich nicht.

Hat ja die ganze Woche über nicht geklappt. Ist ihm ja vielleicht auch peinlich. Also, *Facebook*. Er ist nicht online, chatten ist also nicht. Das wäre unverfänglich gewesen ... Hab schon dreimal geguckt, aber null Chance. Dann die Idee. Ich hinterlass ihm einfach eine Nachricht. Schreib ihm was auf die Pinnwand. Aber was nur? „Kommst du morgen Nachmittag mit auf ein Eis? Ich lad dich ein. Hast mich schließlich aus dem Wasser gezogen!“ Gefällt mir schon mal ganz gut. Soll ich sonst noch was schreiben? Irgendetwas Kluges? Ungewöhnliches? Witziges? Irgendetwas, was ihn neugierig auf mich machen könnte? Schließlich ist es viel einfacher, auf die Pinnwand zu schreiben, als wenn er mir jetzt Auge in Auge gegenübersitzen würde. Dann käme wieder nur „Ööööh“. Aber mir fällt trotzdem gerade nichts Kluges ein, also muss die Einladung so einfach reichen.

7

Sebastian

Ich schmeiße meine Tasche in die Ecke.
Mathehausaufgaben. Da hab ich jetzt echt keinen Bock drauf.
Musik? Später! Nachher ist noch Bandprobe.
War nicht gut, die Woche, aber was soll's.
Keet hat gemotzt.
„Hast du 'n Girl im Kopf?"
„Klappe", hab ich nur gegrunzt.
Em hat gegrinst. Ich werd den Mädchen doch nichts von Lisa erzählen. Was auch?
Ich hab sie aus dem Wasser gezogen, na und?
Seither haben wir kaum ein Wort miteinander gesprochen.
Bisschen komisch ist das schon. Geht sie mir aus dem Weg? Oder geh ich ihr aus dem Weg?

Ich fahre meinen Rechner hoch. Coole Videos auf *YouTube*, Keet hat mir ein paar Links geschickt. In meinem Postfach ist aber noch mehr. Eine Nachricht von *Facebook*. Lisa hat auf meine Pinnwand geschrieben.
Mir wird heiß. Mir wird kalt. Was soll das – schreibt die mir auf die Pinnwand?

Jetzt kriege ich tatsächlich knallrote Ohren. Zum Glück bin ich allein in meinem Zimmer. Und die Tür ist fest zu.

Sie will mit mir Eisessen gehen. Aber muss sie mir das auf die Pinnwand schreiben? Dann kann sie es ja auch gleich auf dem Marktplatz rausbrüllen.

Ich schaue, ob sie online ist. Mit ihr chatten wäre okay.

Sie ist nicht online. Schade.

Dann lese ich die Nachricht noch mal. Klingt nett. Sie hat die ganze Woche über kein Wort zu mir gesagt, komisches Mädchen.

Dabei – ich glaube, ich hätte gern mit ihr gesprochen.

Ich denke an sie. Wenn sie lächelt, hat sie zwei Grübchen auf der Wange.

Jetzt habe ich zwanzig Minuten gewartet. Sie ist immer noch nicht online. Also gibt's die Antwort per Pinnwand zurück.

Stell dir vor, Lisa wäre online gewesen und es wäre zum Chat gekommen. Denke dich in diesen Chat hinein und schreibe auf, wie die beiden miteinander chatten (Zusatzblatt).

Zum Nachdenken

Lisa

Die Antwort kommt dieses Mal prompt. „Morgen ist gut. Sehen uns ja vorher noch in der Schule. Seb.“ Mein erstes Date! Herzklopfen!

Ich sehe ihn schon vor der Schule. Der redet tatsächlich mit Johanna! Ich könnte kotzen. Sieht der nicht, wie die mit den Wimpern klappert? Ihren Busen vorschiebt? Ihre Haare, nun schwarz – würgh! –, hin und her wirft? Er steht auf der Treppe und lacht. Und Johanna strahlt. Am liebsten würde ich wie eine Furie dazwischengehen. Aber wir haben ja ein Date! Er hat Ja gesagt! Ich brauche keine Angst zu haben. Also fahre ich langsam meine Beine aus, stelle mich auf die Füße. Mir wird schwindelig. Tough bleiben, Mädchen. Ich ignoriere Verräter-Joh und gehe zu ihm. Ich gehe, ja! Ich gehe zu ihm. Vor ihren Augen mache ich das Treffen klar. Deutliche Zeichen, jetzt gerade!

Na, wie hab ich das gemacht? – Super! Ich bin völlig locker nach vorne gegangen und hab ihm cool zugenickt. Mensch, wurde der rot! Und wie! Eine Flamme zuckte dramatisch aus seinen Augen. Hitze und Feuer hätten mich fast erwischt. Und an seinen Ohren hätte man ein zweites Feuerwerk anzünden können. Dann hat er zu mir rübergeblinzelt – und genickt!

Der Kerl dampft vor Sehnsucht. Ja! Zumindest hätte ich das gerne ... Oder täusche ich mich? Nee, der hat genickt! Der hat mir zugenickt.

Mir! Nicht Johanna! Fast tut sie mir leid.

Innerer Jubel bricht los, ich könnte aufspringen und singen. Aber – keep cool, Lisa! Nur die Coolen machen's. Den Coolen gehört der Himmel.

Doch da muss man schon total abgefahren sein, wenn man's lange auf Wolke sieben aushält.

Keep cool, Lisa! Schweb auf Wolke sieben, aber halt auch die Beine am Boden. Tu gelassen dabei, obwohl es dich fast zerreißt. Lässig hat Zukunft. Auch für dich, Mädchen.

Keep cool!

Als wir dann in die Pause gehen, die Treppe hinunter, berührt er mich am Arm, ganz kurz nur. Das geht wie Strom durch den ganzen Körper.

Mich hat's erwischt.

Und was haben wir gesagt? Haben wir drei Uhr
gesagt? Ich glaube: drei Uhr an der Eisdiele.
Ja! Ja! Ich wische mir über die Stirn. Warum
weiß ich alles nicht sicher? Aber ich bin
verabredet, das erste Date! Das ist sicher!
Total sicher. Ich hab's geschafft!
Ich springe hoch, ich boxe in die Luft.

Plötzlich will Johanna mich zur Rede stellen.
Sie baut sich vor mir auf, stottert herum:
„Du hast doch gesagt ..."

Tüngelmann beendet unser Gespräch, beginnt
mit dem verhassten Matheunterricht. Mathe
ist überhaupt nicht mein Ding.
Früher hätten Joh und ich über alles gequatscht,
rumgealbert, rumgeträumt. Jetzt rücke ich von
ihr ab, baue Bücher und Stifte zwischen uns auf.

Ob unsere Freundschaft das aushält?
Und wenn schon, dann war's das.
Oder werde ich jetzt unfair?

Ich sehe nur kurz rüber zu Seb und denke:
Sorry, Joh, du kannst mich mal!
Doch ich will mich jetzt weder mit Joh noch
mit Mathe beschäftigen.

Leute, schaut alle her, ich habe heute mein erstes Date!

Frog hat unsere Verabredung mitbekommen: „Na, magst ihn wohl doch, deinen Held und Lebensretter“, frotzelt er.
Am liebsten würde ich sogar Frog umarmen, aber so weit geht meine Begeisterung dann doch nicht, und ich zeige ihm nur stumm den Mittelfinger. Obwohl ich vor Aufregung fast platze, halte ich lieber die Klappe und schaue cool in die Gegend.

Sebastian

Auf der Treppe steht Johanna. Fast glaube ich, dass sie auf mich wartet, aber das kann nicht sein. Bilde ich mir bestimmt nur ein, was sollte sie schon von mir wollen?
Irgendwie sieht sie anders aus. Kann gar nicht richtig einordnen, was es ist, vielleicht sind es ihre Haare. Ich überlege, ob ich sie frage, aber da kommt Lisa an.
Sie zieht eine richtige Show ab – von wegen schüchtern. Heute ist sie anders drauf. Ein paar spitze Bemerkungen und Johanna geht.

Fast sieht sie traurig aus.
Warum hat Lisa plötzlich ihre Krallen ausgefahren und ist so furchtbar bissig?
Das ist doch ihre beste Freundin. Mädchen soll mal einer verstehen. Streiten die etwa um mich?

Bei diesem Gedanken überläuft es mich siedend heiß. Ich spüre, wie meine Ohren flammend rot werden. Ist das peinlich! Ich glaube, mein Blick zu Lisa ist fast schon flehend, sie soll jetzt – bitte, bitte, bitte – damit aufhören! Sie soll hier nicht diese Show abziehen. Ist doch lächerlich.
Doch Lisa lächelt nur. Breit und selbstbewusst und über das ganze Gesicht.
Sie wiederholt dreimal, dass wir uns dann heute Nachmittag sehen, und lächelt, lächelt, lächelt.
Und für den Rest des Tages lächle ich auch.

Lisa hält die Klappe und schaut cool in die Gegend. Sebastian lächelt für den Rest des Tages. Aber beiden gehen viele Gedanken und vielleicht auch Fragen durch den Kopf. Versetze dich in Lisa und/oder Sebastian hinein und schreibe auf, was sie denken und was sie sich fragen könnten. (Zusatzblatt)

Zum Nachdenken

8

Lisa

Und was ziehe ich an? Gemildertes Gothic war ja schon beschlossen. Ich probiere den ganzen Schrank durch.
Nichts passt! Dabei hab ich tausend Shirts, Korsagen, Westen und Blusen. Aber in dem schwarzen Shirt ist der Busen zu dick. Und in dem weiten seh ich aus wie 'ne Dreijährige mit Schwimmflügelchen. Fehlt nur noch das Seepferdchen vorne auf der Busenspitze. Dabei hab ich 'nen ziemlich flachen Busen.
Ob ich mal an Mamas Schrank gehe?

„Du siehst gut aus“, sagt Mama, als ich fertig bin.
Dabei hab ich von Seb noch nichts erzählt. Werde ich auch schön sein lassen. Das fehlte mir noch als Tischgespräch.
Ich sehe schon Mellies Augenaufschlag: „Oh, verliebt! Wie romantisch! Habt ihr euch schon geküsst?“
Und eine rosa Schleimspur kriecht durch die Küche. Höre Mama tränenerstickt seufzen: „Mein kleines Mädchen, verliebt!“

Und Arthur wird ihr tröstend die Hand streicheln. Würg!
Mich hat schon der Schlag getroffen, als ich sie alle am Küchentisch habe sitzen sehen. Mama hat Frühschicht gehabt, und Arthur hat den Nachmittag frei. Arthur hat zwei Koffer in den Flur gestellt – völlig klar, der markiert schon mal sein Revier.
Mellie schaufelt Kartoffelbrei in sich rein. Die bleiben tatsächlich das ganze Wochenende hier. Meine ganze schöne Stimmung ist hin.

Und daran werde ich mich gewöhnen müssen. Arthur und Mellie, die tolle Doppelkombo, bald bei uns zu Hause. Mama versucht immer wieder, mit mir darüber zu reden. Sie will es mit Arthur probieren, einen neuen Anfang wagen. Klar, gönn ich ihr. Aber muss das hier bei uns sein? In unserer Wohnung?
Mama hat sich nur traurig umgeschaut.
„Ich dachte, du magst unsere Wohnung. So eine große Wohnung für so wenig Miete, das finden wir nie wieder."
„Glaub ich ja. Aber muss der denn trotzdem ausgerechnet hier …?"
Da hat Mama angefangen zu weinen.
Für zwei Wohnungen reicht die Kohle nicht,

und wenn Arthur nicht zu uns zieht, dann können wir uns die Wohnung auch nicht mehr leisten.
Dann müssten wir in eine kleinere ziehen.
„Verdien halt nicht so viel als Kassiererin …“
Mama schnäuzt laut in ihr Taschentuch, und ich fahr die Krallen ein. Ist eh nicht mehr der richtige Zeitpunkt, um zu streiten.
Schließlich wartet White Face auf mich …

Also mein Outfit stimmt. Ich sehe mich im Spiegel. Sieht echt cool aus! Nur mein Po ist zu fett. Aber daran lässt sich nichts ändern.
Noch Lippenstift auftragen – und los geht's.

Sebastian

Kommt sie? Kommt sie nicht? Ich stehe mit nassen Haaren im Bad und schaue in den Spiegel. Da ist ein Pickel! Soll ich ihn ausdrücken? Jetzt hab ich einen fetten roten Fleck im Gesicht.
Die Dusche tat gut, aber jetzt bin ich wieder nervös. Ich weiß nicht, was ich anziehen soll, und der Pickel hat mir gerade noch gefehlt. Ich ziehe das weiße T-Shirt an.

Wieder vorm Spiegel. White Face. Von wegen! Ich sehe eher aus wie ein Geist. Ich renne in mein Zimmer, krame das schwarze T-Shirt heraus. Zum Glück ist es gewaschen.
Gott sei Dank.
Wieder vorm Spiegel. Mann, seh ich blass aus! Und dünn!
Das T-Shirt ist eng, meine weißen Arme hängen wie Bindfäden heraus. So geh ich da nicht hin!
Also zurück ins Zimmer und noch mal gesucht.
Jack White singt:
You don't know what love is,
you just do what you're told.
Du weißt nicht, was Liebe ist. Du tust einfach, was man dir sagt.
Mein Herz klopft. Ist das Liebe? Wie fühlt sich das an, wenn man verliebt ist?

Die Akkorde sind hart. Seine Stimme getragen, zurückgenommen. Wehmut schwimmt darin.
Weiß ich, was ich tue? Ich habe keine Ahnung, und ich weiß noch nicht einmal, was ich eigentlich anziehen soll.
Ich schau noch mal auf seine Webpage.
Was hat der an? Jeans. Okay, dafür hab ich mich auch entschieden. T-Shirt. Brauch ich noch. Farbe stimmt noch nicht. Darüber

entweder Lederjacke. Ist mir zu aufgemotzt. Oder Sportjacke. Ja, genau. Ich zieh meine Kapuzenjacke an, die braune mit den gelben Streifen am Arm. Damit ist dann auch das T-Shirt klar: dunkelbraun.
Ich grinse Jack White an, Bruder, deine Fotos sind cool.

Jack White singt, immer noch.
You don't know, what love is ...
Der Soundtrack meines Nachmittags.
Jetzt noch ins Bad, Haare fönen. Ich gele sie mir hoch, jetzt stehen sie genauso aufgeregt ab, wie ich mich fühle. Ich kämme sie wieder herunter. So sieht es viel zu brav aus. Ich style sie ein bisschen. So geht es.

Dann wühle ich in Mamas Schminktasche. Zur Sicherheit gucke ich noch mal, ob die Badezimmertür auch wirklich zu ist. Wenn mich jetzt jemand sehen würde, würde ich, glaub ich, vor Scham und Peinlichkeit sterben. Aber dann greife ich beherzt nach Mamas Abdeckstift und kleistere den Pickel zu. Oups, das war zu viel Farbe. Vorsichtig wische ich mit einem Stückchen Klopapier darauf herum. Jetzt wird mein Gesicht noch röter. Vorsichtig fahre ich noch einmal mit dem Finger drüber. Ich lass es mal besser, wie es ist.

Noch zwanzig Minuten. Ich könnte langsam losgehen, sonst komme ich zu spät. Oder nehme ich das Fahrrad? Aber vielleicht gehen wir danach noch woanders hin? Ich stopfe mir Geld in die Hosentasche und schließe die Tür ab.
You don't know what love is,
you just do what you're told.

Während Sebastian und Lisa bei ihrem ersten Date sind, kannst du dir etwas Zeit nehmen und über die folgenden Fragen nachdenken. Notiere deine Gedanken und Meinungen (mit Begründung) auf einem Zusatzblatt.

- Wie beurteilst du das Verhalten von Johanna und Lisa? Bleiben die beiden wohl Freundinnen?
- Was würdest du Sebastian antworten, wenn er dich fragen würde, wie dir sein Outfit gefällt, das er für das Date gewählt hat?
- Wie stellst du dir den Verlauf des ersten Dates von Sebastian und Lisa vor? Und wie könnte es nach dem Date weitergehen?

Zum Nachdenken

9

Lisa

Es war voll cool. Seb saß schon an einem runden Tisch am Fenster.

„Ich hoffe, der Tisch ist okay?“

Er lächelte mich an.

Und ob der Tisch okay war. Jeder, der draußen vorbeiging, konnte uns hier zusammen sehen.

Ja, Leute! Guckt genau hin!

Ich zog lässig meine Stöpsel aus den Ohren, platzierte mein Handy, auch wenn es ein peinliches Uraltmodell ist, megaalt von Mama.

„Was hast'n gehört?“

Echt, man glaubt es nicht. Aber der hatte fast die gleichen Titel wie ich auf seinem iPod.

Voll cool.

Und dann haben wir gequatscht. Volle drei Stunden lang nur dagesessen und gequatscht.

Er hat mir von seinen Träumen erzählt, mit der Band berühmt zu werden, davon, was Musik ihm bedeutet.

Ich hab von mir erzählt und von meinen Plänen, als Beruf irgendwas mit Sprache zu machen. Journalistin oder Texterin.

Wenn ich zu Hause darüber spreche, ernte ich nur mitleidige Blicke. Aber Seb hörte zu, und als er dann auch noch sagte, ich könne ja für seine Band mal Liedtexte schreiben, jubelte ich innerlich, dass er mir das zutraute!

Er erzählte mir von seinen Eltern. Sein Vater ist bei den Symphonikern und seine Mutter hat eine Konzertagentur.
Mir wurde etwas mulmig. Das ist schon ein anderes Kaliber als Papa mit Sekretärin auf Segeltour und Mama Supermarktkassiererin,

obwohl ich das auch nur ahnen kann. Denn von Symphonikern hab ich grad mal gehört, aber von der Musik keinen blassen Schimmer. Aber trotzdem voll cool.

Und dann wurden seine Augen plötzlich dunkel. Er schaute mich an und schob seine Hand rüber. Ich kriegte fast 'ne Herzattacke, meine Hand schob sich in seine. Sie zitterte. Lange. Lange. Seine Hand zitterte auch. Wir zitterten zusammen. Und doch war es total gut.

Welches Eis ich gegessen habe, wie viele Kugeln? Weiß ich nicht, hab ich gar nicht gemerkt. Auch was ich bezahlt habe. Nichts mehr da. Da waren nur Sebs Augen, seine zitternde Hand ...
Ich weiß nur, dass er mich gefragt hat, ob ich morgen mit zur Probe kommen möchte. Und dann, dass ich wie auf einer Wolke nach Hause schwebte. Das weiß ich noch.
Ich hätte abheben können: Mensch Leute, das Leben ist voll cool.

Aber das Piercing an der Nase, das nehm ich jetzt ab. Wenn der mich mal küsst, morgen vielleicht, dann ist das doch total im Weg.

In der Nacht werde ich wach. Und sitze sofort aufrecht im Bett. Echt cool, ich bin verliebt! Ich fühle mich auf einmal so leicht, wie früher, als ich Engelchen gespielt habe, hinten weiße Pappflügel. Ich schwebe und bin leicht, als könnte ich abheben.
Alles ist total easy, engelsgleich.
So einfach und klar.
Ich mache eine Kerze an, an der Decke bilden sich Muster.
Ich fühle mich gut, geborgen, wohlig und warm.
Und als wäre er da, sehe ich ihn vor mir:
Die tollen Augen, tief wie ein See und funkelnd wie ein polierter Stein. Und sein Lächeln, das Lachgrübchen rechts, das beim Lachen immer wackelt. Wenn er von Musik redet, das ist fast wie Musikhören. Da könnte ich mich reinlegen, in den Tönen baden, die Bässe voll ausfahren.
Auf einmal verstehe ich, was die Drossel bei den Liebesgedichten von Yeats meinte:
Die Liebe badet in Bildern.
Und ich bade in der Liebe. Jep!
Das Leben ist prall und easy.
Ich würde gern meinen Kopf auf seine Brust legen, sein Herz schlagen hören, ich möchte seinen Atem auf meinem Gesicht spüren und meine Lippen spitzen!

Vor lauter Aufregung kann ich gar nicht schlafen. Muss ich noch mal aufs Klo?
Ja, ich springe hoch, reiße die Tür auf.
Vor lauter Aufregung muss ich pinkeln und stoße mit Mama vor der Badezimmertür zusammen.
„Sorry“, murmele ich und reibe mir die Birne.
Und hätte Mama fast in den Arm genommen, sie voller Freude herumgeschwenkt, ihr erzählt, von mir geredet, sie teilhaben lassen, wenn da nicht plötzlich Arthurs Stimme gekrächzt hätte:
„Liebling, wo bleibst du denn?“
Da kracht die Wirklichkeit mitten in meine wunderbare Stimmung und zerschlägt alles.
Das hält keiner aus.
„Dabei hat Mama doch auch ein Recht darauf“, flüstert in mir eine Stimme dagegen.
„Trotzdem, nicht der.“
„Aber das ist doch Mamas Sache!“
„Trotzdem, ich kann ihn nicht ab!“

Meine wunderbare Zauberstimmung ist hin, stattdessen macht sich um mich herum ein völlig chaotisches Zimmer breit. Ich lege mich auf mein Bett, starre die Decke an und hoffe, dass die Nacht schnell vorbeirauscht.

Lisa durchlebt ein Wechselbad der Gefühle. Schreibe einen Text, in dem dies zum Ausdruck kommt. Verwende die folgende Textstruktur:

Ich ...
Aber dann ...
Ich ...
Aber dann ...
Ich ...
Aber dann ...
Ich ...

Was könnte Lisa träumen, als sie schließlich doch einschläft? Fantasiere einen möglichen wunderbaren Traum und schreibe ihn auf. (Zusatzblatt)

Kommentiere die Gedichtzeile von Yeats:
Die Liebe badet in Bildern.
(Was könnte damit gemeint sein? Wie könnte man dies veranschaulichen? Welche Beispiele lassen sich dafür anführen? Welche Bedeutung hat diese Zeile für Lisa?)

Forschungsauftrag: Informiere dich über das Leben und Werk des Dichters Yeats.

Zum Nachdenken

10

Sebastian

„Bist du heute zum Abendessen da?“

Mamas Stimme platzt in meine Träume.

„Neee. Wir haben Probe.“

Ich werde tatsächlich rot dabei.

„Dann viel Spaß.“

Mama schaut mich lange an. Ahnt sie was? Hat Papa ihr was gesagt? Hab ich einen Zettel auf der Stirn kleben: „Verliebt. Bitte nicht ansprechen“?

Ich krall mir meine Jacke und bin weg.

Lisa

Seb holt mich ab. Gut, dass Mama noch nicht zu Hause ist.

Ich hab immer noch nichts erzählt. Will ich auch nicht. Das hier ist meine Sache.

Die Band hat einen Probenraum im Keller von Sebs Elternhaus. Voll schallisoliert und ausgebaut mit allem Schnickschnack. Total abgefahren. Was werden Keet und Em sagen, wenn ich mitkomme?

Sorge unbegründet. Keet umarmt mich kurz und Em sagt nur: „Hey Lisa. Seb sagt, du schreibst gern Texte? Kannst mal über einen von meinen gucken, irgendwie krieg ich's nicht hin." Und sie drückt mir einen Zettel in die Hand. Dann legen sie los – und ich sitze mittendrin! Das ist so krass! Um ein Haar fetzt es mir das Trommelfell weg. Tausendmal besser als das wackelige *YouTube*-Video. Ich hab nur Augen für Seb, doch der geht ganz in seinem Gitarrenspiel auf, sieht nicht einmal rüber.

Darum versteh ich gar nicht, dass Em nach fünf Minuten ärgerlich abbricht und ihn anmault: „Hey, Seb, könntest du dich bitte mal auf deine Einsätze konzentrieren – und nicht auf Lisa?" Hallo? Ist mir da was entgangen? Muss ja wohl. Offensichtlich spielt Seb heute anders als sonst. Insgeheim muss ich grinsen, aber das vergeht mir ganz schnell, als Em mir so eine Rassel in die Hand drückt und mich mit einer Stimme, die keinen Widerspruch duldet, anblafft: „Rhythmusgefühl hast du, das weiß ich. Also kannst du auch mitmachen. Vielleicht ist Seb dann etwas aufmerksamer." Gleichzeitig zwinkert sie mir zu. Na klasse! Da steh ich nun mit der Rassel und – mache mit!

Das ist seit Langem der krasseste Abend. Kein Gedanke an Mama, Arthur oder Pink-Melanie. Kein Gedanke an Gothic-Johanna. Kein Gedanke an Tüngelmann und Mathe. Nur Rhythmus und Sound! So genial!

Sebastian

Die Mädchen waren klasse, hätte ich ihnen gar nicht zugetraut. Em hat mal alle ihre spitzen Bemerkungen zurückgehalten, und Keet hat tatsächlich ein freundliches Lächeln geschafft. Die Mädchen haben Lisa sogar was zu trinken angeboten. Ich konnt's kaum glauben! Und dann hat Em ihr auch noch den Shaker in die Hand gedrückt. Unglaublich. In dem Moment war ich mir sicher, dass ich die richtigen Mädchen in der Band hab.

Wir haben eigentlich keine Besucher bei unseren Proben, ist nicht so unser Ding. Proben sind für uns, da sind wir unter uns. Da darf man Fehler machen und falsch spielen. Wir motzen uns an und blödeln rum. Aber diesmal war es anders. Kein Gemotze und Geblödel. Wir sind unsere Songliste durchgegangen, Stück für Stück, konzentriert. War ich wirklich konzentriert? Ich dachte, ich wäre es, aber Keet hat meinen Rhythmus immer wieder mit harten Schlägen unterbrochen. Korrigiert. Hat superkonzentriert gespielt. Ich war es nicht. Hab mich irgendwie seltsam gefühlt, wie bei einem Auftritt, Lampenfieber total. Und das alles nur wegen Lisa?

Lisa

Sebastian hat mich nach der Probe nach Hause gebracht. Vorher hat er noch schnell ein frisches T-Shirt angezogen. Und – war das Aftershave? Ich musste ja fast kichern. Der Kerl war nervös! Wir haben geredet, und er hat mich angeschaut. Warum nur war der Heimweg so kurz? Viel zu kurz, ich hätte ewig mit ihm laufen können. Vor der Tür nahm er mich in den Arm. Ganz sanft nur streiften seine Lippen meine. Ganz sanft streichelte er mit seiner Zunge meine Lippen. Unsere Zungen berührten sich, spielten miteinander. Und eine nicht gekannte Woge ergriff den ganzen Körper. Angst. Wohlgefühl. Panik. Geborgenheit. Geht das jetzt immer so weiter?

Ich hing in seinen Armen und flog. Fühlte mich leicht und wie neu. Mein erster Kuss. Mein allerallerallererster Kuss. Ich könnte aufspringen und es in die Welt hinausbrüllen: Sebastian White Face hat mich geküsst!

Mich, von allen Mädchen auf dieser Welt, hat er mich MICH mich MICH mich geküsst!

Sind wir jetzt zusammen, ich meine, so richtig echt zusammen? Ob er mich am Montag in der Schule auch küsst? Und will ich das?
Mein Kopf raucht von all den Fragen.
Ich kuschle mich in mein Bett, tiefer und tiefer. Schlafen kann ich nicht.
Auf meinen Lippen spüre ich immer noch seine.
Und mein Herz klopft.

Sebastian

Jack White hat nicht recht. Auf keinen Fall. Natürlich weiß ich, was Liebe ist. Natürlich. Wie kann man das nicht wissen nach dem ersten Kuss ...
Ich schwebe und fliege, nehme auf einmal alles überdeutlich wahr. Im Garten duften die ersten Blumen, die Erde ist modrig und feucht. Im Flur riecht es nach Putzmittel, im Keller nach Waschpulver und in der Küche nach Essen.
Meine Eltern sitzen im Wohnzimmer. Das hat mir gerade noch gefehlt, ich bin noch ganz high, hab keinen Bock auf Elterngespräche.

Aber die beiden gucken kaum auf, als ich reinkomme.

Ich werfe einen Gruß in die Runde und verschwinde. Sollen sie allein auf dem Sofa sitzen. Wurde ja auch Zeit, dass sie es mal wieder tun, das erste Mal seit Langem.

Und sie reden. Sehr gut. Mama mit einem Kräutertee in der Hand, Papa mit einem Glas Wasser. Sie trinken beide keinen Alkohol. Eigentlich verwunderlich, wo doch sonst meist eine Flasche Rotwein auf dem Tisch steht.

Durch die geschlossene Zimmertür höre ich Papas tiefe Stimme. Er spricht. Und Mama schweigt. Hört sie ihm zu?

Dann redet Mama. Es ist kein Keifen und Kreischen, es ist ihre ganz normale Mamastimme. Ein bisschen weicher als sonst, vielleicht.

Fast möchte ich aufstehen, zu ihnen gehen. Aber ich bleibe auf meinem Bett, denke an Lisa und höre die Stimmen im Nebenzimmer.

Jetzt wird es wieder lauter.

Erst Papa, dann Mama.

Das mit der Versöhnung scheint doch nicht so einfach zu sein. Gehört Streiten eigentlich auch zur Liebe dazu?

11

Lisa

Zu Hause ist es nicht auszuhalten. Arthur am Frühstückstisch:
„Reichst du mir bitte mal die Butter rüber, Schatz?“
„Gießt du mir noch Kaffee ein, Liebling?“
„Oh vielen Dank, meine Sonnenblume.“
Und dann schmatzt er Mama ab, gibt ihr einen fetten Brötchenkrümelfrühstückskuss. Eklig. Furchtbar. Nicht zum Aushalten.
Mellie hat genauso die Nase verzogen. Dabei hat sie mich angeguckt und gegrinst. Will die jetzt mit mir „beste Freundin“ spielen? Nee, nicht mit mir. Hab ich keinen Bock drauf. Ich muss hier raus. Und zwar sofort.

Ich laufe durch die Stadt, einfach so. Habe mir ein Eis geholt und latsche zum Brunnen.
Was ist eigentlich Liebe? Was ist Verknalltsein? Kribbeln im Bauch, das ist schon mal klar. Reden können. Der andere hört mir zu. Und umgekehrt. Ich will alles wissen.
Hoffen wir mal, es gibt nicht nur Kerle, die immer nur knutschen wollen.

Da muss ich die zweite Kugel holen, umrunde mit dem Eis in der Hand den Stadtbrunnen.
Das Laufen tut gut.
Ich glaube, das mit dem Nur-knutschen-Wollen ist Quatsch. Das stand mal in der *Girl*.
Seb ist anders und auch andere, die ich kenne.
Ich renne jetzt und lecke an meinem Eis. Wenn man verliebt ist, kommt es einem so vor, als wenn man den anderen schon seit Ewigkeiten kennt. Liebe ist Vertrauen.
Und es ist warm im Arm.
Wie schön war das, als Seb gestern – fast schüchtern – seinen Arm auf meinen gelegt hat.
Ich beiße in die Eiswaffel.
Und wie er mich, gar nicht mehr schüchtern, geküsst hat. Ich fühl mich so wohl. Ich glaub, ich bin verliebt. Ich glaub, mich hat's erwischt.

Hier sind drei Textstellen, über die du nachdenken und zu denen du dir Notizen machen kannst:

Lisa: „Sind wir jetzt zusammen, ich meine, so richtig, echt zusammen?“

Sebastian: „Gehört Streiten eigentlich auch zur Liebe dazu?“

Lisa: „Was ist eigentlich Liebe? Was ist Verknalltsein?“

Zum Nachdenken

Da schaue ich hoch. Nein, das kann nicht wahr sein. Ich reibe mir die Augen. Das ist ein Phantom, eine Erfindung des Teufels. Da ist Seb. Ja, Seb.
Na und? – Was ist schon dabei? Und eigentlich müsste mein Herz sofort einen großen Hüpfer machen. Aber ...
Er ist nicht allein. Unglaublich! Er steht da mit Joh, Johanna Gothic. Die beiden reden miteinander, lachen.
Das kann doch nicht sein! Wenn Seb sie jetzt berührt, weiß ich nicht, was ich tue!
„Joh“, fauche ich. Diese Schlange, diese elende Nachahmerin!
„Joh“, zische ich noch mal und falle sofort matt zusammen.
Himmel, ist das peinlich. Megakrasspeinlich. Aber die können doch miteinander reden.
Ich versuche, mich zu beruhigen. Warum gehe ich nicht einfach hin? Nein, ganz bestimmt nicht, dann denkt Seb noch, ich spioniere ihm nach. Und was Joh betrifft – ich wusste es: Die Alte verrät mich! Verrat an der besten Freundin. Sofort brodelt es wieder in mir.

Jetzt lachen sie wieder und jedes Lachen tut weh. Das kann nicht wahr sein.

Ich fasse es nicht! Dass die eine Verräterin ist, wusste ich lange, immer wusste ich es!

Die reden noch weiter! Was tue ich hier noch? Geht er mit ihr? Bin ich schon vergessen, abgeschrieben, ausgetauscht?

Ich stehe stumm am Rand und die Tränen schießen mir in die Augen.

Sebastian gestikuliert, streckt seine Faust in den Himmel. Die soll auf Johanna niedersausen und sie k. o. schlagen. Ich wünsche es mir so sehr, presse meine Fäuste in die Taschen.

Es soll jetzt passieren. Jetzt! Ich bete, ich bettele den Himmel an: Johanna k. o. und Matsche am Boden.

Ich mache die Augen fest zu. Dann wirken Wünsche besser. Bestimmt ist es jetzt passiert.

Ich klappe die Augen wieder auf. Seb macht einen Luftsprung. Vor Freude, Übermut? Oder holt er jetzt erst richtig aus? Autsch!

Die spinnen. Noch länger guck ich mir dieses Affentheater nicht an.

Mein Herz glüht, mein Herz schlägt, mein Herz zerspringt fast vor Liebe und Eifersucht. Doch mein Herz kann auch tödliches Gift spucken.

Soll ich sofort hin oder soll ich erst weg? Ich drehe mich hin, ich drehe mich weg.

Ich drehe mich hin, ich drehe … Echt, spinn ich denn total? Was soll das Ganze? Ich drehe ab. Wohin soll ich?
Ich renne weg, so schnell ich kann.
Nach Hause – zu Mama? Wirklich? Soll ich nicht doch zu ihnen? Nein, ich spinne doch nicht. Ich renne den ganzen Weg nach Hause, bloß weg von hier!

Sebastian

Noch fünf Stunden, bis ich mit Lisa verabredet bin. Ich lache, plötzlich kommt es mir vor wie ein halbe Ewigkeit. Ich weiß gar nicht, was ich machen soll. Zum Gitarrespielen hab ich keinen Bock, Hausaufgaben sind öde. Im Zimmer halte ich es nicht aus, das ist plötzlich viel zu leer, ohne Lisa.
Mama rettet mich – sie drückt mir eine Einkaufsliste in die Hand. Na toll, jetzt spiele ich Botenjunge. Eigentlich würde ich motzen, aber andererseits – dann bin ich wenigstens beschäftigt. Und die Zeit vergeht schneller.

Die Stadt ist voller Menschen, und Mamas Liste schickt mich in die unmöglichsten Läden:

Biogemüse hier, Schokolade da. Und dann noch eine Flasche Rotwein. Ich tanze mit meinen Tüten durch die Stadt.

Jetzt sind es nur noch drei Stunden, bis ich Lisa treffe. Ich pfeife vor mich hin, natürlich Jack White: *You don't know, what love is ...*

Diesmal ändere ich den Text. Denn ich weiß, was Liebe ist. Zumindest Verliebtsein. Davon singe ich. Ich tanze über Wolken, umarme den Himmel und pfeife meinen eigenen Song.

Plötzlich steht Johanna vor mir. Oups, wo kommt die denn her? Fast hätte ich sie über den Haufen gerannt, doch ihr „Hallo, Erde an Sebastian. Ist da jemand?" bringt mich zurück. Ich lächle sie an.

„Hallo, Schöne."

Sie hat sich wieder aufgetakelt, und einen Moment überlege ich, ob ich sie frage, ob sie ein Date hat. Aber dann lass ich es. Will nicht aufdringlich sein und, wenn ich ehrlich bin, will ich ja von meinem auch nichts erzählen. Dabei hüpft mein Herz. Und wenn ich an den Kuss denke, dann wird mir siedend heiß. War das toll!

Johanna redet und redet. Sie erzählt mir von ihrer Mutter und ihrer Katze, von der Schule und Tüngelmann. Ich kann nur lachen. Jetzt sind es weniger als drei Stunden, und ich sehe Lisa wieder. Lisa mit den schönen blauen Augen, Lisa mit dem Lachgrübchen, Lisa mit den langen Beinen.

Plötzlich sehe ich Lisa in Drei-D und in echt. Kann nicht sein, ich muss träumen. Doch, da steht sie, am Brunnen und isst ein Eis. Vor Freude könnte ich in die Luft hüpfen, und wahrscheinlich tu ich es auch. Ich rede und rede und würde am liebsten Johanna stehen lassen und zu Lisa rennen. Aber das wäre unhöflich, also rede ich schneller und noch schneller, um mich endlich verabschieden zu können.

Doch plötzlich ist Lisa weg. Ich reibe mir die Augen. Vielleicht war sie es ja gar nicht. Hab ich sie mir nur eingebildet, so sehr, wie ich an sie gedacht habe? Oder sie hat mich nicht gesehen? Doch, sie muss mich gesehen haben, sie hat doch eindeutig zu uns rübergeguckt, und Johanna mit ihrer neuen Frisur ist ja nun auch wirklich nicht zu übersehen.
Vielleicht hatte sie es eilig oder musste gleich weg. Oder ist sie wegen Johanna weggerannt? Denkt sie etwa ... ich hätte was mit Johanna? Das kann nicht sein, die sind doch beste Freundinnen.

Einen Moment lang muss ich überlegen. In letzter Zeit waren sie nicht mehr so viel zusammen, scheinen sich gestritten zu haben. Johanna hat von all dem nichts bemerkt, und ich sage ihr auch nichts. Ich verabschiede mich einfach und gehe nach Hause. Mama wartet. Und nachher habe ich ein Date.

Hast du eine Idee, wie dieses Missverständnis aufgelöst werden könnte? Notiere sie hier.

Sebastian verändert den Songtext von Jack White, weil er jetzt weiß, was Liebe ist – zumindest verliebt zu sein. Lies nochmals den Originaltext (S. 74) und schreibe den Text verändert und auf Deutsch weiter: *I just know what love is ...*

Zum Nachdenken

12

Lisa

Ich reiße die Tür auf und stürme in mein Zimmer. Dort lasse ich mich auf mein Bett fallen. Meine Welt ist zusammengestürzt. Wie kann er nur? Hängt er jetzt mit Johanna ab? Hat sie ihn sich endgültig gekrallt? Bin ich schon abgeschrieben?
Ich seh noch sein lachendes Gesicht vor mir. Richtig aufgedreht. Rote Wangen, leuchtende Augen, White Face glühend. Glühend vor Freude, glühend vor Leidenschaft? Sieht er bei mir auch so aus?
Tränen schießen in meine Augen. Ich hab ihn so noch nie gesehen. Leise klopft es an meine Tür. Ich stöhne nur auf. „Ja doch, ja."
Mama kommt herein und setzt sich auf mein Bett. Ich starre sie mit leeren Augen an. Bestimmt mehrere Minuten lang.
Dann rufe ich: „Scheiße, der hat 'ne andere. Und ausgerechnet die Verräterin Joh. Johanna Gothic. Ich könnte kotzen!"
In meinem Kopf steigt ein Rauschen auf, ein Rauschen, das anschwillt, ein Rauschen, das laut wird und rebelliert. Ich schreie dagegen!

Gegen mein Rauschen. Ich schreie Mama an. Ich hab ja sonst keinen. Dabei weiß sie ja noch gar nichts von Seb. Alles ist dumpf und tot in mir, bis auf das Rauschen, und das überwältigt mich fast. Hilfe! Ich fass es nicht!
Im Augenblick könnte ich noch nicht mal mehr sagen, wie ich heiße ...
Und dann weine ich los. Die Tränen fließen in Bächen auf Mamas T-Shirt. Die kann das sicher bald auswringen. Oder sie kann ihren Busen in Tränen baden.
„Was ist denn, Lisa?"
Mama streichelt mir über den Rücken.

„Das Leben ist zu kurz, um es mit den falschen Männern zu verbringen."
Diese Weisheit schleudere ich als Erstes meiner Mama ins Gesicht. Da fasst sie mich einfach an den Schultern und setzt mich in meinen Lieblingssessel. Sie streicht mir über die Haare und lächelt sanft.
„Jetzt erzähl mal. Magst du reden?"
Und da kommt es. Ja. Die Worte und die Enttäuschung, das Entsetzen und die Wut brechen aus mir heraus, drängen, steigen auf, schlagen Purzelbäume.
Noch nie war meine Liebe zu Sebastian so

klar und noch nie war meine Enttäuschung so riesengroß.
Da klafft ein Loch, ein Krater! Die Worte fliegen. Die Schwärze frisst mich.

Mama fängt sie auf. Sie sagt: „Du magst ihn."
Und: „Der hat doch nur mit Joh geredet. Die hatten sich sicher zufällig getroffen."
Mamas Worte tun gut. Aber sind sie nicht reine Lüge, Spinnerei oder billiger Trost? Nein. Ja. Und doch, die Eifersucht streckt trotzdem immer noch ihre feiste Faust vor. Die Eifersucht hält mich weiter in ihren Klauen und draußen, ganz weit da draußen höre ich Mama.
„Das ist total normal", sagt Mama, „dass du eifersüchtig bist, wenn du ihn mit 'ner anderen siehst. Und dann auch noch mit Joh, weil du weißt, sie ist auch in ihn verknallt. Du hast Angst, ihn zu verlieren. Jetzt, wo ihr gerade anfangt."
Dazwischen wabert Johanna Gothic mit Seb am Brunnen. Bilder, Bilder und Wellen von schwarzem Zorn. Mamas Worte tun trotzdem gut. Wahrscheinlich hat sie recht.
„Warum bist du eifersüchtig?", macht Mama weiter, „weil du unsicher bist?"
„Ich hab extra meine Gothic-Klamotten in die

Ecke geworfen“, schluchze ich dazwischen, „meine ganze Lebenseinstellung, meine Kultur.“

„Dafür hat Johanna sie genommen“, sagt Mama sehr zart. Sie holt uns einen Tee. Das tut gut.

„Erzähl ihm beim nächsten Mal von deinen Gefühlen“, sagt sie mit sanfter Stimme.

„Wenn es ein nächstes Mal gibt.“

Meine Bissigkeit will sich immer noch nicht geschlagen geben, will am liebsten noch alles zertrümmern.

Aber ich seufze: Zertrümmern ist einfach! Auflösen ist schwerer. Lösen ist superschwer. Probleme zu lösen, war noch nie meine Stärke. Ich wollte immer alles sofort. Zack bumm. Bitte, warum ist das Leben so krumm und schlägt Purzelbäume? Warum geht nicht wirklich alles zack bumm? Kann es nicht einmal einfach gerade laufen, das blöde Leben?

„Wahrscheinlich hat er schon genug. Bestimmt will er mich nie wieder sehen.“

Jetzt laufen doch tatsächlich wieder Tränen über meine Wangen.

„Natürlich gibt es ein nächstes Mal“, lacht Mama in meine Gedanken hinein. „Mensch, Lisa. Ich freu mich, dass du verliebt bist.“

Mama drückt mich, Mama macht Mut!

„Verliebt zu sein, tut gut“, sagt sie, „und er

scheint ja wirklich richtig nett zu sein. Red mit ihm. Lad ihn wieder ein, trau deinen Gefühlen, trau ihnen einfach.“

Waber-Gothic-Johanna wird dünner und verschwindet. Ich nicke, auch wenn ich sonst oft auf Mamas Worte getreten habe. Aber sie hat recht, total recht. Ist halt eine Mama mit einer gewissen Lebens- und Liebeserfahrung. Doch dabei wird mir bewusst, dass ich jetzt zurückrudern muss.
Denn Mama darf nicht meinen, dass sie ab jetzt meine vertraute Liebesberaterin wäre. Auf einmal wieder. Ich bin erwachsen. Obwohl ich so was verdammt brauchen könnte. Aber nicht Mama. Das ist nicht mehr Mamasache. Das hier, das war eine Ausnahme. Notsituation. Mama ist total da, klasse. Mama kann aber auch total peinlich sein.
Oh ja, da hab ich genügend Erfahrung.
Zieh dich zurück, Lisa. Jetzt ist noch Zeit.
Und um sofort klare Verhältnisse zu schaffen, springe ich auf und sage:
„Danke, Mama. Das tat gut, aber das war’s wohl.“
War das zu hart? Aber ich muss Mama sofort klarmachen, dass sie jetzt ihren karitativen

Touch wieder einziehen soll. Ihr Mund klappt herunter. Fast tut sie mir leid. Diese Attacke musste ich aber fahren, sonst hätte Mama mein Leben wieder voll geschultert. Ich kenne sie. Es klingelt an der Tür.

Sebastian

„Wir waren doch verabredet. Ich wollte dich abholen."
Meine Stimme ist rau wie ein Reibeisen. Kloß im Hals.
Sie sieht aus, als ob sie geheult hat. Hab ich was falsch gemacht? Sie hat doch gesagt, dass heute Nachmittag okay ist.
„Du, wenn ich störe ..."
Ich trete einen Schritt zurück. „Wir sehen uns ja morgen in der Schule."
Oh Gott, wie peinlich. Bestimmt will sie mich nie wieder sehen. Aber wir waren doch verabredet. Sonst wäre sie ja nicht da. Mir wird ganz heiß. Ich bin so aufgeregt, dass ich alles durcheinanderbringe. Da schaut sie mich lange an und sagt langsam:
„Nee, ist schön, dass du da bist. Ich hol meine Jacke."

Lisa

Da steht er, Seb. Was mach ich nun? Was ist, wenn Mama wirklich recht hat? Alles ein Missverständnis? Hab ich überreagiert? Ach, Lisa, Mädchen, glaub deinen Gefühlen!
Und in meinem Bauch, was ist das für ein Gefühl? Es kribbelt, es krabbelt, mein Magen schlägt Purzelbäume. Er krampft. Ich glaube, ich kriege Durchfall. Am liebsten würde ich sofort aufs Klo rennen. Oder mich in seine Arme werfen. Wie er mich anschaut ...
Da fährt die Eifersucht wieder in mir hoch, schlägt ein wie ein Blitz:

– Der hat mit Johanna rumgemacht.
– Quatsch, der hat nur mit ihr gesprochen.
– Aber der soll mit mir sprechen, mit mir ganz allein.
– Lisa, werd mal wach, hör dir mal selbst zu, der ist doch nicht dein Eigentum.

Ich denke an den zarten Kuss und muss fast lachen. Da nähert er sich.
Lisa, Klauen ausfahren – oder eher die sanfte Tour? Wie stand das in der *Girl*? Da stand: Am besten ist, man wechselt die Strategie, dann bleibt Spannung in der Beziehung.

„In der Beziehung, die noch gar keine ist?“, flüstere ich mir zu. Überhaupt ein bescheuertes Wort: Beziehung. Das hört sich so nach Berechnung an. Diplomatie. Staaten haben Beziehungen. Wo bleiben da Liebe, Freundschaft, Gefühle füreinander?
Langsam, Lisa! Aber zeig ihm von Anfang an, dass du keine bist, mit der man alles machen kann.
Wut und harte Entschlossenheit schwappen hoch. Aber ich will auch keine Spielchen spielen. Ich will doch nur ...
Ach, ich weiß gar nicht, was ich will. Wieder das Rauschen im Kopf. Da höre ich wie von fern seine Stimme:
„Lisa, was ist denn eigentlich los?“
„Du hast dich mit Johanna getroffen, du wolltest gar nicht mit mir Eis essen. Hast du schon vergessen, dass wir verabredet waren?“
Jetzt ist es raus, schon will ich mich umdrehen. Ich will abhauen. Wegrennen. Ihn stehen lassen. Doch da sehe ich die Enttäuschung in seinen Augen. Sein Blick ist kaum auszuhalten.
Und er sagt: „Lisa, ich hab die Joh zufällig getroffen, sie stand plötzlich da. Und ich werd doch noch mit ihr reden dürfen. Oder muss ich jetzt alle Mädchen – außer dir natürlich –

abblitzen lassen? Krieg ich jetzt etwa Redeverbot?“

Ich komme mir auf einmal so lächerlich vor. Ich, der Racheengel! Aber Rache – wofür? Der wollte die gar nicht.

Johanna hatte sich vorgedrängt, sozusagen dazwischengedrängt. Typisch Johanna: Plötzlich erscheint alles so lächerlich.

Und wenn auch ein Stein von meinem Herzen plumpst, so macht sich vor Scham doch eine tiefe Röte in meinem Gesicht breit, ich spüre sie, sie ist fast zu ertasten.

Ich schäme mich, stehe da wie ein begossener Pudel und Sebastian textet ruhig weiter. So einen Wortschwall von ihm hätte ich gestern noch kaum für möglich gehalten.

„Johanna hat mich nur gefragt, wie ich eigentlich meine Musik mache. Da hab ich ihr erklärt …“

„Ey, die kommt mitten auf der Straße … fängt sofort an … und übrigens deine Musik …?“

„Ja“, er nickt, „genau.“

Und auf einmal sehe ich wieder seine dunklen Augen. Und wie verdammt gut er aussieht und überhaupt, dass er hier mit mir steht und mit mir reden will. Während die Röte in meinem Gesicht auf den Boden plumpst, die Peinlichkeit sich hoch in der Luft windet, in nichts auflöst, die Eifersucht sich leise davonschleicht, überfällt mich wieder dieses unendliche Liebesgefühl.

Das ist ein anderes Rauschen. Musik! Das ist eine Wucht. Voll cool. Das sind Sebastian und sein Lachen, seine strahlenden Funkelaugen, und dieser Sebastian erzählt mir gerade von seiner Musik, und wie er mich mag und dass er schon immer ...

Hoppla, Herzchen. Hab ich da richtig hingehört? Schon immer? Und dass die Rettung aus dem Wasser ihm höchst willkommen war?

„Mir geht's doch genauso", ist alles, was ich stammeln kann.

„Und warum hast du nichts gesagt?"

„Und warum du nicht ...?"

„Weil ..."

„Was weil ...?"

Da müssen wir beide auf einmal schrecklich lachen und fallen uns in die Arme. Wir stehen mitten auf der Straße zwischen Menschen und umarmen uns.

Und lachen, lachen, schütteln uns vor Lachen.

Und wenn sich da nicht gerade in dem Augenblick eine Wolke entschlossen hätte, genau über uns alles Wasser auszuschütten, was in ihr ist, und uns in Sekunden triefnass hätte stehen lassen, dann hätten wir uns bestimmt geküsst, geküsst, lange geküsst.
So war der Kuss nur zart, gehaucht.
Sekundenschnell.
Aber es war ein Anfang, ein wunderbarer zarter Anfang.

Lisa und Sebastian sind sich jetzt sicher, dass sie sich lieben. Schreibe einen „Liebestext" über die Gefühle der beiden oder über deine eigenen Gefühle. Beginne mit jedem Buchstaben ein Wort, eine Wortgruppe oder einen kurzen Satz.

L ______________________________

I ______________________________

E ______________________________

B ______________________________

E ______________________________

Lisa denkt: „... es war ein Anfang, ein wunderbarer zarter Anfang." Aber: Wenn dies ein Anfang ist, wie geht es dann weiter? Mache dir dazu Notizen.

____

____

____

Lies den Songtext „Das Beste" von Silbermond (im Anhang des Buches auf Seite 138) und bearbeite die zugehörigen Aufgaben.

Zum Nachdenken

13

Sebastian

Als ich nach Hause komme, steht Papas Koffer im Flur. Einen Moment lang denke ich, dass er endgültig auszieht. Dann höre ich freundliche Stimmen aus dem Schlafzimmer. Ist dann wohl eher das Gegenteil – er zieht wieder ein. Ich hol mir aus der Küche ein Käsebrot und hau mich auf mein Bett. Ist die Tür zu?

Ich stehe noch mal auf und checke, ob sie wirklich zu ist. Sie ist es. Dann stell ich den iPod an und versinke. Die Töne schießen wie Sonnenlicht in mein Hirn. Ich höre sie und schließe die Augen. Die Melodie reißt mich mit wie eine Welle und trägt mich davon.

Ich fange an zu träumen. Sie anfassen, ihre weiche Haut spüren. Ihre Brüste. Ihre Schenkel. Ihre Haare. Ich stöhne leise auf. Und ziehe die Kondome aus der Schublade. Als Papa sie mir in die Hand gedrückt hat vor ein paar Wochen, hab ich nur müde abgewinkt. Ja klar, Alter. Ich leg die Frauen ja auch reihenweise flach. Aber jetzt, mit Lisa ...

Mit Lisa könnt ich's mir tatsächlich vorstellen.
Aber ob sie das wohl will?

Lisa

Und so vergehen Wochen – watteweich und zart. Johanna hat sich auf einen anderen Platz gesetzt. Seb sitzt jetzt neben mir.
Nach der Schule essen wir Eis und reden, hören Musik und küssen.
Ich war schon zweimal in seinem Zimmer.
Und er war bei mir.
Wir haben auf meiner Matratze gehockt und uns geküsst. Alles ist Musik. Erst recht die Proben mit der Band. Da geht voll was ab.

Und morgen ist das große Konzert von *White Face*. Den Text, den Em mir mitgegeben hat, habe ich bearbeitet. Es ist einer der Songs draus geworden, die morgen gespielt werden. Ich bin aufgeregt. Dann wird er auf der Bühne stehen ...

Und keine Frage, ich geh da hin. Fast ein wenig schüchtern hat er mich gefragt, ob ich Lust hätte, mir den Auftritt anzugucken.
Ich hätte quietschen können vor Freude!

Natürlich! Und ob ich Lust habe! Und wie!
Am nächsten Tag hat er mir zwei Tickets in die Hand gedrückt. Verlegen! Der war tatsächlich verlegen. Und dann hat er gesagt: „Falls du eine Freundin mitbringen willst. Alleine ist ja vielleicht blöd. Ich hab ja keine Zeit für dich ...“

Mein Herz hat einen Hüpfer gemacht und ich bin rot geworden. Die Karten hab ich an meine Wand gepinnt, direkt über das Bett. Beim Einschlafen schau ich drauf – und mein Herz klopft. Jeden Abend. Ist das normal?

Aber welche Freundin soll ich mitnehmen? Joh? Nee, die nicht. Seitdem sie ihre Gothic-Masche gestartet hat, hab ich kein Wort mehr mit ihr geredet.
Verräterin Johanna.
Aber Sebastian hat ja klargemacht, dass da nichts läuft. Und sie wusste ja nicht ...
Seitdem wir so richtig zusammen sind, hat sie es gecheckt. Hat nicht mehr mit ihm gesprochen. Eigentlich kein Grund mehr, auf sie böse zu sein. Oder?
Wenn ich ehrlich bin, vermisse ich sie. Sie war meine beste Freundin. Muss man seine beste Freundin verlieren, wenn man sich verliebt?

Ich kaue auf meiner Lippe herum. Erwachsenwerden ist schwierig. So verdammt schwierig. Vielleicht sollte ich mal mit ihr reden. Einfach so. Wir müssen ja nicht gleich wieder beste Freundinnen werden.

Als ich ins Klassenzimmer komme, schaue ich nach ihr. Ich versuche ein Lächeln. Sie guckt weg, wirft die Haare über die Schulter und tut so, als hätte sie mich nicht gesehen. Und doch stimmt etwas nicht. Ich spüre es genau. Das mit Joh stimmt nicht. Joh sitzt vorne allein. Als ich zur Tafel gehe, sehe ich Tränen in ihren Augen.

„Blöde Kuh“, denke ich. Nein, das will ich eigentlich gar nicht denken.

Nach der Stunde gehe ich zu ihr.

„Joh“, sage ich. Sie schaut nach vorne.

„Es tut mir leid“, sage ich. Sie schaut nach vorne.

„Können wir Freundinnen bleiben?“

Ihr Mund verzieht sich, doch dann bewegt sie sich, sieht mich an – lange.

„Können wir?“, fragt sie.

„Können wir“, sage ich und schiebe meinen Arm auf ihre Schulter.

Ich versuche, auch auf den Punkt zu schauen,

auf den sie schaut. Ist es das Stück Kreide? Ich streichle mit der Hand über ihren Arm. Wir schauen gemeinsam auf die Kreide.

Ich glaube nicht, dass Verzeihen mit Pauken und Trompeten heranstürzt. Ich glaube, Verzeihen kann sich beim Blick auf ein Stückchen Kreide formen.

Lisa und Johanna vertragen sich wieder. Dazu gehört auch, dass sich langsam „das Verzeihen formt“. Was müssen die beiden einander verzeihen?

Lisa muss Johanna verzeihen, ______________________

____

____

Johanna muss Lisa verzeihen, ______________________

____

____

Lisa denkt: „Erwachsenwerden ist schwierig.“ Schreibe dazu einen Text: Was macht das Erwachsenwerden so schwierig? Was hilft einem dabei?

Zum Nachdenken

14

Sebastian

„Hast du deine Klampfe?“

„Neee.“

Em mit ihren blöden Witzen. Meine *Les Paul* ist keine Klampfe, sondern eine ganz besondere E-Gitarre! Das hab ich ihr schon hundertmal gesagt. Ich könnte sie anbrüllen. Stattdessen kriege ich einen Schweißausbruch.

Lampenfieber. Klassischer Fall.

Ich sitze zitternd auf dem Verstärker.

Em drückt mir ’ne Cola in die Hand.

„Zucker hilft.“

„Koffein aber nicht“, kontert Keet und wirft mir ne Schoki rüber.

„Vollmilch. Lecker.“

Ich zupfe das Silberpapier ab und beiße in die Tafel.

„Teilen wäre nett“, grinst Keet.

„Muss ich?“

Ich schaue die Tafel Schokolade an. Ich könnte sie glatt komplett aufessen, so nervös bin ich. Aber tapfer breche ich zwei Riegel ab und reiche sie Keet und Em.

„Für mich nicht, danke!“

Em winkt ab und zeigt auf ihren Hals.
„Die Stimme, du weißt schon."
Ich nicke, während Keet mir den zweiten Riegel aus der Hand reißt. Die ist ja genauso nervös wie ich.
Vor der Bühne sammeln sich schon die Menschen, heute sind es viele. Unglaublich! Wir hören es nur als Hintergrundgemurmel, rauszuschauen traut sich keiner von uns.

Dann kommt Johnny-Ray, der Manager der Location. Meine Mutter hat mit ihm unseren Auftritt arrangiert.
Er schaut uns alle an und brüllt: „Showtime!"
Wir nicken.
„Raus mit euch. Heizt denen mal so richtig ein. Ihr seid die Besten!"
Und damit haut er uns auf den Rücken.
„Auf geht's", murmeln wir drei und holen tief Luft.

Vor der Bühne – eine riesige Meute.
Ich höre sie, ich spüre sie, aber ich sehe sie fast nicht. Das Scheinwerferlicht blendet. Jetzt bloß nicht über die Kabel stolpern! Auf der Bühne hinknallen, das wär's. Mein Puls rast wie verrückt.

Meine Gitarre steht auf dem Ständer vor dem Mikro. Ich hänge sie mir um. Blickwechsel mit Keet – und los geht's. Die ersten Töne sitzen, die Menge jubelt sofort. Em setzt ein. Rauchige Stimme, tief wie nie. Die Saiten singen unter meinen Fingern. Das Schlagzeug treibt uns voran. Wir fliegen. Wo ist der Boden unter meinen Füßen?

Lisa – mein ruhiger Punkt. Ich sehe sie an, und die Welt ist wieder da. Voll konzentriert. Ich sehe nur sie, dann kann ich weiterspielen. Eigentlich spiele ich nur für sie. Wie beim ersten Mal am Lagerfeuer. Und wie an diesem Abend tanzt sie auch heute. Verliert sich in der Musik, und ich spiele, spiele, spiele.

Nach dem Konzert gehe ich zu Lisa. Nach Hause. Sie hat mich eingeladen, nach dem großen Abend. Sie will, dass ich bei ihr bin. Das will ich auch. Aber musste es unbedingt heute Abend sein? Ich wäre lieber morgen zu ihr gegangen, aber Lisa hat darauf bestanden. Und wenn Lisa etwas will, dann kann ich nicht Nein sagen. Dann kriegt sie es. Wenn sie mich mit ihren großen blauen Augen ansieht, dann schmelze ich einfach dahin.

Das ist das erste Mal, dass Em und Keet sauer sind.
„Hab gedacht, wir machen nach dem Konzert noch was, so als Band“, motzt Keet.
Em stupst sie nur an und grinst schief.
„Der Kerl ist verknallt. Sieht man doch.“
Ihre Lippen werden zu einer schmalen Linie.
„Da sind wir dann wohl abgeschrieben.“
Ich schaue die beiden an und hätte am liebsten losgeschrien.
„Ihr beide, ihr seid meine Band. *White Face*, das sind wir. Habt ihr das nicht gemerkt?“
„Haben wir. Aber auch, dass deine Lisa jetzt die Hauptrolle spielt.“
„Tut sie nicht.“
„Tut sie doch.“
Ich winke ab, sie haben ja recht. Sonst würde ich bei ihnen sein, nicht bei ihr.
„Viel Spaß“, sagt Em.
Keet nickt. „Viel Spaß.“
Ich nehme beide noch mal in den Arm.
„Danke.“

Dann räumen wir das Equipment in Papas Auto und rollen die Kabel auf. Johnny-Ray drückt jedem von uns einen Fünfziger in die Hand. Er scheint zufrieden mit dem Auftritt. Im Club

geht die Party weiter. Keet und Em werden da wohl noch mitfeiern.
Ich mache mich auf den Weg zu Lisa. Besser, ich stecke die Kondome ein.

Lisa

Jetzt bin ich dran. Seine Nummer war total gut. Meine muss noch besser werden.
Wenn er kommt ...
Er hat gesagt, dass er nach dem Konzert zu mir kommt. Die Band wollte noch abhängen, aber ich hatte Angst. Angst, dass die Fans ihn dann anbaggern. Da waren einige Mädchen, die haben ihn angeguckt ...
Hätte ihnen am liebsten die Augen ausgekratzt. Aber er hat nur zu mir geschaut. Ich hab es genau gesehen. Und deshalb soll heute auch die „große Nacht" sein, das „erste Mal".

Ich will ihn so sehr. So, so sehr. Und ich glaube, er will auch. Jedenfalls hat er sich so angefühlt. Doch wie mache ich es? Ich will es perfekt haben. Und er soll sich wohlfühlen.
Und romantisch soll es sein.
Ja, vor allem so richtig schön romantisch.

Ich richte mein Zimmer her: Räucherstäbchen und Kerzen, rote glänzende Bettwäsche und gedimmtes Licht. Alles ist total cool. So richtig für den großen Augenblick.
Ich rücke noch einmal die Kissen zurecht, ziehe die Kerze vor, den Vorhang zu. Oder bin ich jetzt völlig übergeschnappt? Nein, nein, es ist gut so. Er muss sich wohlfühlen. Aber tut er das? Es sieht alles so künstlich aus, so perfekt. Da mache ich eine Kerze aus, bringe die Räucherstäbchen in die Küche. Aber der Duft hängt im Raum. Soll ich doch die rote Bettwäsche wegnehmen?
Zu spät! Es läutet. Da ist er schon.

Nimm dir, bevor du weiterliest, einen Moment Zeit und denke über die folgenden Fragen nach. Notiere deine Antworten stichwortartig (Zusatzblatt).

- Was meinst du zu Lisas Vorbereitungen für die „große Nacht", das „erste Mal"?
- Wie wird Sebastian wohl darauf reagieren?
- Wie werden die beiden sich an der Tür begrüßen?
- Wie wird der Abend verlaufen?
- Wird es zur „großen Nacht", zum „ersten Mal" kommen?

Zum Nachdenken

Ich gehe zur Tür. Wir küssen uns.
„Ist deine Mutter nicht da?“
„Nein“, hauche ich zwischen zwei Küssen.
„Die ist mit Arthur weg und sie wird auch bei ihm pennen.“
Er hört auf, mich zu küssen, aber ich hänge immer noch an ihm dran.
„Wir sind allein. Komm.“
Ich ziehe ihn in mein Zimmer, hab meine Hände immer noch an ihm. Er reißt die Augen auf und sagt: „Oh Gott, was ist denn das?“
„Alles für uns“, sage ich – und dabei komme ich mir vor wie eine dumme Kuh.
Das „erste Mal“. Alles muss perfekt sein.
Und er wird blass, dreht sich um, windet sich aus meinem Arm und läuft aus dem Zimmer.
„Du, ich muss gehen“, mehr Worte schafft er nicht.
Die Tür klappt zu. Ich bin allein.

Sebastian

Ich atme tief durch. Die kalte Nachtluft auf meinem Gesicht fühlt sich befreiend an. Ich lass meine Jacke offen, mein Rücken ist nass. Was war das denn? Mir wird schlecht.

Die wollte tatsächlich die ganze Nummer abziehen. Ich komme mir vor wie in einem schlechten Film. Nur, dass ich die Hauptperson bin.

Alles in Rot. Das Bett. Die Bettwäsche.

Dazu Kerzen, Räucherkerzen, Rosen.

Der ganze Schnickschnack.

Hatte die tatsächlich Rosenblätter auf den Boden gestreut?

Ich halte mich an einem Baum fest. Meine Beine wackeln. Ich glaube, ich kippe um. Das hat mir gerade noch gefehlt. Hänge hier auf der Straße wie der letzte Penner und schaffe den Weg nach Hause nicht. Am liebsten würde ich mich auf den Bordstein setzen. Kopf auf die Hände, Augen zu. Und wenn ich aufwache, ist alles vorbei.

Stattdessen wanke ich weiter durch die Nacht. Schritt für Schritt. Ich bin durchgeschwitzt vom Konzert, stinke wie ein Bock, und alles, was ich will, ist runterkommen. Runterkommen vom Adrenalin, dem Lampenfieber, der Aufregung. Das war unser erstes Konzert, ich kann es noch gar nicht fassen.

Die haben tatsächlich geklatscht, die haben

„Zugabe, Zugabe!“ gerufen. Und mittendrin haben sie getanzt, beim Moonlight-Song gingen sogar ein paar Feuerzeuge an. Ich hab ’ne Gänsehaut gekriegt.

Und ich hab mich gefreut auf Lisa, auf ihr Lachen, ihre Augen. Meine Lisa.

Aber nicht das. Nicht dieses Theater.

Ich glaube, sie hat mir die Panik angesehen.

Das war zu schnell.

Ich keuche und bin froh, als ich endlich unser Haus erreiche.

In meinem Zimmer mache ich kein Licht an. Niemand soll sehen, dass ich da bin. Ich dusche mit letzter Kraft und falle ins Bett.

Erschöpft schlafe ich ein.

Lisa

Was war das? Lisa, du bist eine dumme Kuh!

Warum ist er geflohen? Er mochte doch mein Zimmer!

Ja, aber nicht Räucherstäbchen und Kerzen

Dämmerlicht und rote Bettwäsche.

Oder liebt er mich nicht mehr?

Vielleicht war ihm nicht nur das Zimmer zu viel, sondern ich auch?

Die Zweifel kriechen sofort wieder hoch.

Ich schluchze, ich heule, dann knalle ich das Kissen an die Wand.

Lisa, du bist eine dumme Kuh. Hast ihn total unter Druck gesetzt. Du hättest auch stattdessen einen Zettel hinlegen können: Heute ist das „erste Mal“, das „große erste Mal“. Er hatte ja keine Chance. War total überrumpelt. Du hast ihn vor den Kopf gestoßen. So kann man Menschen nicht drängen. Jeder hat sein Tempo und du kannst ihm nicht deins aufdrängen. Zack bumm.

Beim Einschlafen kommt wieder der Zweifel. Die Wohnung ist leer und alles ist so still. Ich höre nur meinen Atem, meinen rasselnden Atem. Vielleicht will er ja auch gar nicht mit mir schlafen. Vielleicht will er gar nicht mich.

Ich hab genau gesehen, wie ihn die Mädchen angeschmachtet haben, als er auf der Bühne stand, die Gitarre in der Hand, und wie sie beim Refrain mitgesungen haben.

Ich hab ihre leuchtenden Augen genau gesehen. Hat er sie auch bemerkt?

Aber nein, er hat nur zum mir geschaut. Hoffentlich bleibt das für immer so.

Wieder rollt eine Träne über meine Wange.

Kannst du Sebastians Verhalten verstehen?

☐ Ja ☐ Nein ☐ Ich kann mich nicht entscheiden.

Meine Begründung: ______________________________

____

Was würdest du den beiden raten, um die Situation zu retten und wieder zueinander zu finden?

____

____

Lies im Anhang den Text „Was Worte alles können“ (S. 140) und bearbeite die zugehörigen Aufgaben.

Zum Nachdenken

15

Sebastian

Soll ich sie anrufen? Oder ihr ’ne SMS schicken?
SMS ist feige. Was soll ich da schreiben?
Sorry, Bett und so ist nichts für mich, und Ciao.
Nee. Das stimmt ja nicht. Ich wollt’s ja auch.
Eigentlich.

Ich sollte mit ihr reden.
Ich liege immer noch im Bett, zu müde zum Aufstehen.
Mit ihr reden wäre gut. Aber was soll ich sagen? Danke fürs Angebot, aber nicht so.
Ich werde knallrot, wenn ich daran denke.
Ihr Zimmer war schlimmer als ein Puff. Also, nicht dass ich schon mal in einem Puff war, aber so stell ich ihn mir vor.
Meine Gedanken schweifen ab. Eigentlich will ich an gar nichts denken.
Plötzlich summt mein Handy. Eine SMS.
Na super, bestimmt von Lisa. Mein Herz klopft.
Aber wahrscheinlich will sie sowieso nichts mehr von mir wissen. Gestern Abend habe ich mich ja benommen wie der letzte Loser.

Peinlich, peinlich. Knallrot aus dem Zimmer zu rennen. Puh, das darf man echt niemandem erzählen.
Und wenn sie es ihren Freundinnen sagt?
Einen Moment lang habe ich Angst, dann beruhige ich mich wieder. Nee, so eine ist Lisa ja nun wirklich nicht.
Die SMS ist von Keet:
„Schönen Abend gehabt, Sweetheart? Kneipe war super, neue Gigs in Aussicht, Probe nachher? love & hugs, XXX Keet."
„Morgen, 15 Uhr, Probenkeller."
Mehr antworte ich nicht.

Ob es mit Lisa weitergeht?
Oder war das jetzt das Ende?
Ich sitze am Frühstückstisch, allein, und schaufle Cornflakes in mich hinein. Mama klappert im Arbeitszimmer am Computer.
Plötzlich ruft sie: „Wie war der Auftritt?"
„Okay."
„Und wie war's mit Lisa?"
„Schwierig."
Ich stopfe mir noch mehr Cornflakes rein. Dabei murmele ich ein unverständliches „Lass mich doch in Ruhe".
Mama steht plötzlich im Türrahmen.

„Schwierig, was?“ Sie schaut mich lange an. „Willst du drüber reden?“

„Nein.“

„Liebe ist nicht immer einfach. Aber manchmal hilft es, wenn man redet. Miteinander ...“

„Hmm.“

Ich stelle die Schale in die Spüle und die Schachtel Cornflakes in den Schrank. Als ich mich umdrehe, sitzt Mama schon längst wieder an ihrem Computer.

Reden? Soll ich Lisa anrufen? Aber ob sie nach der Nummer noch mit mir reden will? Die will doch sicher ’nen richtigen Mann. Einen, der nicht beim Anblick ihres Kopfkissens wegrennt. Mensch, war ich ein Idiot. Ich könnte mich echt prügeln. Wahrscheinlich war’s das jetzt. Aus und vorbei.

Lisa

Der meldet sich gar nicht. Kein Lebenszeichen. Keine SMS. Kein Anruf. Noch nicht mal eine Nachricht auf *Facebook*. Absolute Funkstille. Mag der mich überhaupt noch? Bestimmt hat der genug von mir. Ich bin abgeschrieben. Ich könnte heulen.

16

Sebastian

Die Probe läuft schlecht. Ach was, schlecht ist gar kein Ausdruck. Mir ist schon die zweite Saite gerissen, und die Akkorde klingen total unkontrolliert und viel zu schrill. Em verzieht nur das Gesicht, Keet hat das erste Mal richtig schlechte Laune.

„Spielen wir jetzt – oder was?"

„Oder was?", murmele ich tonlos. Blass sitze ich auf dem Verstärker, die Gitarre zwischen den Knien. Ich schaue die beiden an.

„Ich hab keine Ahnung", sage ich.

„Merken wir." Keet ist trocken, wie immer.

Em packt ihre Sachen zusammen.

„Zeitverschwendung", sagt sie zu Keet.

„Wir kommen wieder, wenn du besser drauf bist."

Keet schaut mich an.

„Mittwoch, 16 Uhr."

„Gebongt", nicke ich.

„Und, Sebastian, wenn du reden willst, wir sind da ..."

„Ja, ja." Ich stütze meinen Kopf in die Hände.

„Ich weiß." Sie gehen.

Als sie raus sind, rollen mir tatsächlich Tränen über die Wangen. Auf einmal spüre ich, was es bedeutet, sich auf jemanden einzulassen.
Ich will weglaufen. Will sie nie wiedersehen.
Und ich will sie nicht verlieren.
Ich bin verliebt. Trotz allem.

Lisa

Da kommt eine SMS von Seb.
Er will für mich ein Lied komponieren.
„Kannst du dazu texten?“, fragt er. „Die ersten Noten hab ich schon im Kopf.“
„Und ob“, schreibe ich zurück, „schick mir die Musik.“
„Das dauert, dabei wird wohl die Nacht draufgehen.“

Ich kuschle mich in mein rotes Bett. Ich bin allein, aber er komponiert für mich. Ich fühle mich einsam, aber gerade jetzt: Er macht was für mich. Ich könnte jubeln. Ich könnte schluchzen. Plötzlich bin ich mir sicher:
Wir sind doch zusammen.
Und zum ersten Mal seit Wochen gehe ich wieder ins Bad und schminke mich hell. Die

Augen schwarz dazu. Lippen – rot. Gothic. Gothic ist eine Lebenseinstellung. Ich schaue in den Spiegel und zwinkere mir zu.
Heute brauche ich das. Gothic, meine Kultur.

Sebastian

Lisa hat mir ihren Text vorbeigebracht. Es ist ein wunderschönes Liebeslied geworden. Nachdem ich es gelesen hatte, hab ich sie geküsst.
Ich spiele, und sie sitzt vor mir. Jeder Ton ist wahr. So könnte es bleiben. Ich bin glücklich.

Sebastian ist glücklich – und Lisa wohl auch. Schreibe Beispiele dafür auf, was für die beiden und was für dich Glück ist.

Glück ist ______________________________ .

Glück ist ______________________________ .

Glück ist ______________________________ .

Glück ist ______________________________ .

Zum Nachdenken

17

Lisa

Vier Wochen später:
Was weiß ich eigentlich alles von Seb?
Dass er Senf auf's Ei tut, nicht Salz.
Dass er Pfannkuchen mit Ketchup und Nutella isst.
Dass er Lee-Jeans trägt, weil er die nie anprobieren muss.
Dass er Lieder schreibt, die tollsten Lieder.
Dass er grinst, wenn er verlegen ist.
Dass er mich auch als Kratzbürste mag – und das bin ich leider oft.
Dass er meine Handynummer schon auswendig wusste, als ich sie ihm gab. Warum wohl?
Dass er nach Seb riecht.
Dass seine SMS witzig und super sind.
Dass er zwar nicht für jeden super aussieht, aber für mich.
Dass er bei McDonald's immer zwei Big Macs übereinanderquetscht.
Dass um ihn sehr viel Geheimnisvolles ist.
Dass er mir Rosen malt, weil er für echte kein Geld hat.
Dass er mir fremd ist und ganz vertraut.

Dass er ein ziemlich guter Skater ist, aber nicht viel drum gibt.
Dass sein Bauch kullert und plätschert, wenn man das Ohr daran legt.
Dass er Spinat hasst und Familienfeiern, bei denen die Eltern oberpeinliche Darbietungen abhalten.
Dass sein Gesicht aussieht wie ein Karpfen, wenn ich auf seinem Bauch liege und zu ihm hinaufschiele.
Dass er Bleistifte zerkaut, wenn er unter Stress steht.
Dass er mir sein nächstes Konzert widmen will.
Dass er Hemmungen hat und Herzklopfen, obwohl er doch weiß, dass ich ihn liebe.
Dass er Seb ist, einfach Seb!

Und dass ich immer noch kaum begreifen kann: Ja, wir lieben uns! Und Liebe ist einfach so schwer. Ja, einfach – und so schwer.

Die Geschichte von Sebastian und Lisa endet hier. Aber richtig zu Ende ist sie eigentlich noch nicht, denn viele Fragen bleiben offen:

- Wie wird es weitergehen mit den beiden?
- Was werden sie noch zusammen erleben?
- Wenn es weitere Missverständnisse gibt, wie werden sie sich auf ihre Beziehung auswirken?
- Was wird aus Lisas Freundschaft zu Johanna?

Schreibe die Geschichte in einem 18. Kapitel weiter.

•••••

Fertige eine ausführliche Personenbeschreibung von Sebastian oder Lisa an.

•••••

Schildere mithilfe des Buches und weiterer Informationen (Internet), was mit „Gothic-Style" gemeint ist, und schreibe deine Meinung dazu begründet auf.

•••••

Schreibe auf, wie dir das Buch gefallen hat und welche Buchfigur dich am meisten beeindruckt hat. Begründe deine Meinung.

•••••

Löse das Rätsel zum Buch auf Seite 136/137.

•••••

Lies im Anhang den Text „Sicherheit und Verhütung" (S. 141) und bearbeite die zugehörigen Aufgaben.

Zum Weiterarbeiten

Anhang

Kleines Rätsel zum Buch

1. Englisches Wort für „Liebe“ (kommt im Song von Jack White vor).
2. Wie lautet Sebastians Spitzname, der zugleich der Name seiner Band ist?
3. Welche Farbe haben Sebastians Augen?
4. Welche Farbe haben Lisas Augen?
5. Wie lautet die Bezeichnung für Lisas schwarzes Outfit?
6. Wer ist in Sebastians Band Schlagzeugerin?
7. Über welches Internetportal nimmt Lisa Kontakt zu Sebastian auf?
8. Wie heißt der Neue von Lisas Mutter?
9. Als was bezeichnet Lisa ihr Handy?
10. Wo treffen Sebastian und Lisa sich zum ersten Date?
11. Wie nennt man das Gefühl, das Lisa spürt, als sie Sebastian mit Johanna sieht?
12. Welche Empfindung lässt Lisa und Sebastian an ihrer Liebe zweifeln?
13. Wie empfindet Lisa die Wochen, als sie sich ihrer Liebe sicher ist? ...?... und zart.
14. Wie nennt Em spöttisch Sebastians Gitarre?
15. Womit bereitet Lisa u.a. ihr Zimmer für das „erste Mal“ vor?

1. V
2. E
3. R
4. L
5. I
6. E
7. B
8. T
9. O
10. D
11. E
12. R
13. W
14. A
15. S
?

SILBERMOND

Das Beste

Ich habe einen Schatz gefunden,
und er trägt deinen Namen.
So wunderschön und wertvoll,
mit keinem Geld der Welt zu bezahlen.

Du schläfst neben mir ein,
ich könnt dich die ganze Nacht betrachten.
Sehn wie du schläfst,
hörn wie du atmest,
bis wir am Morgen erwachen.

Du hast es wieder mal geschafft,
mir den Atem zu rauben.
Wenn du neben mir liegst,
dann kann ich es kaum glauben,
dass jemand wie ich
so was Schönes wie dich verdient hat.

Du bist das Beste, was mir je passiert ist,
es tut so gut, wie du mich liebst.
Vergiss den Rest der Welt,
wenn du bei mir bist.
(...)

Dein Lachen macht süchtig,
fast so als wär' es nicht von dieser Erde.
Auch wenn deine Nähe Gift wär',
ich würd' bei dir sein, so lange, bis ich sterbe.

Dein Verlassen würde Welten zerstören,
doch daran will ich nicht denken.
Viel zu schön ist es mit dir,
wenn wir uns gegenseitig Liebe schenken.

Betank mich mit Kraft,
nimm mir die Zweifel von den Augen.
Erzähl mir tausend Lügen,
ich würd' sie dir alle glauben,
doch ein Zweifel bleibt,
dass ich jemand wie dich verdient hab.
(...)

ARBEITSANREGUNGEN

- Der Songtext enthält viele Bildworte (Metaphern). Suche einige heraus und schreibe auf, was sie bedeuten.
- Denke an die Situation von Lisa und Sebastian und ergänze den Songtext um weitere Textzeilen.

Hans Manz

Was Worte alles können

erklären
verraten
verschweigen
Missverständnisse
ausräumen
täuschen
preisgeben
Misstrauen schaffen
Herzen öffnen
verletzen
trösten
verführen
verwirren
Zugang finden
auf taube Ohren stoßen
Barrieren überwinden
aufmuntern
vernichten
ablenken
ermüden
Zwietracht säen
Frieden stiften
nörgeln
angreifen
erheitern
traurig machen
enttäuschen
Erwartungen wecken
wärmen usw.

Arbeitsanregungen

- Schreibe aus dem Text Gegensatzpaare, die bereits untereinanderstehen, heraus (z. B. erheitern – traurig machen) und ordne weitere Gegensatzpaare einander zu.
- Schreibe Paralleltexte zum Thema „Liebe und Freundschaft“: *Was Blicke alles können … / Was Hände alles können …*

Sicherheit und Verhütung

Bevor es zum „ersten Mal“ kommt, sollte geklärt sein, wie du und deine Partnerin bzw. dein Partner verhüten wollen.

- Betrachtet das Plakat und sprecht darüber: Was ist dargestellt? Welche Botschaft will das Plakat vermitteln? Wie gefällt es euch?
- Welche Verhütungsmethoden kennst du? Lege dazu eine Tabelle mit diesen Spalten an: Name der Methode/Anwendung und Wirkung/Vorteile/ Nachteile und Nebenwirkungen. Informiere dich über die einzelnen Methoden und fülle die Tabelle aus.
- Wer hat die Verantwortung für die Verhütung? Der Junge? Das Mädchen? Beide? Sprecht in der Klasse darüber.

Aufgabenlösungen

S. 11: *Jack White:* Gitarrist, Sänger und Songwriter. *Bassdrum:* Große Trommel beim Schlagzeug. *Hi-Hat:* Beckenpaar beim Schlagzeug. *Akkord:* Zusammenklang von Tönen. *Riff:* kurze, sich wiederholende Ton- oder Akkordfolge. *Rafting:* Wildwasserfahren. (Weitere Informationen findest du im Internet.)

White Face: weißes Gesicht, Blassgesicht. *Sebastian* sieht sehr blass aus.

S. 13: *Lisas Locken:* schwarz gefärbt. *Lisas Augenbraue:* gepierct. *Lisas Lederhose*: schwarz. *Lisa* könnte sich in Sebastian verliebt haben.

S. 25: *Die Band heißt* „White Face". *Em* ist die Sängerin. *Keet* spielt Schlagzeug. *Sebastian* spielt Lead-Gitarre. *Lisas Lieblingslied* ist „Falling slowly" von Glen Hansard.

S. 31: *Sie mögen sich:* Sebastian schaut Lisa heimlich an; er spielt für sie; er findet sie hübsch. Lisa beobachtet Sebastian; sie findet ihn schön; sie ist eifersüchtig; ihr ist heiß; in ihrem Bauch tanzen tausend Schmetterlinge; sie sehnt sich nach Sebastian.

Sie sind unsicher: Sebastian hatte noch nie eine Freundin; er kann Lisas Verhalten nicht verstehen; er denkt, die Band ist wichtiger. Lisa denkt, Sebastian mag sie nicht; ihre Stimme ist laut und grell; sie stottert; ihr ist alles peinlich.

S. 41: *Lisas Familiensituation:* Der Vater ist mit seiner Sekretärin abgehauen; die Mutter ist Kassiererin im Supermarkt und hat einen neuen Freund: Arthur. Er will bald mit seiner Tochter Melanie bei Lisa und ihrer Mutter einziehen.

Sebastians Familiensituation: Der Vater ist Berufsmusiker (Geiger) und wegen einer Sehnenscheidenentzündung frustriert. Die Mutter organisiert Konzerte und ist karrierebewusst. Der Vater will wegen der ständigen Streitereien bald zu Hause ausziehen.

Klezmer: Instrumentalmusik jüdischen Ursprungs. (Weitere Informationen findest du im Internet.)

S. 53: Bei Johanna fehlen die drei Piercings.

S. 82: Yeats, William Butler: irischer Dichter und Nobelpreisträger. (Im Internet findest du ausführlichere Angaben dazu.)

S. 114: *Lisa muss Johanna verzeihen*, dass sie sich an Sebastian rangemacht hat und dass sie den Gothic-Style nachgemacht hat, um Sebastian zu beeindrucken.

Johanna muss Lisa verzeihen, dass sie aus Eifersucht nicht mehr mit ihr gesprochen hat und dass sie die Freundschaft aufs Spiel gesetzt hat, ohne ein klärendes Gespräch zu führen.

S. 136: 1. LOVE, 2. WHITE FACE, 3. BRAUN, 4. WASSERBLAU, 5. GOTHICSTYLE, 6. KEET, 7. FACEBOOK, 8. ARTHUR, 9. URALTMODELL, 10. EISDIELE, 11. EIFERSUCHT, 12. UNSICHERHEIT, 13. WATTEWEICH, 14. KLAMPFE, 15. RÄUCHERSTÄBCHEN.

Text- und Bildquellen

Seite 138–139: Silbermond: Das Beste. Aus: Laut gedacht, 2006. Columbia (Sony Music).

Seite 140: Hans Manz: Was Worte alles können. Aus: Hans Manz: Lieber heute als morgen. Weinheim: Beltz 1988.

Seite 141: Plakat: Bundeszentrale für gesundheitliche Aufklärung, Köln.